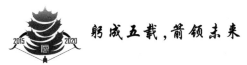

躬成五载，箭领未来

武汉海淀外国语实验学校

"云端"高效课堂研究

主　编　包　晗　石　力　侯　维
副主编　唐　棠　石阳阳　陈小妹　袁　劲

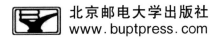

北京邮电大学出版社
www.buptpress.com

内容简介

"高效课堂"指的是教育教学效率或效果能够达成相当高的目标的课堂,具体而言是指在有效课堂的基础上,完成教学任务和达成教学目标的效率较高、效果较好并且取得教育教学的较高影响力和社会效益的课堂。武汉海淀外国语实验学校始终致力于提倡和研究高效课堂,并融合北京集团总校和江夏区"五清"高效课堂模式,自成"活力五清高效课堂"模式。本书收录了武汉海淀外国语实验学校一线教师在 2020 年新冠肺炎疫情期间结合线上教学的实践经验成果,是教师们对线上教学进行案例整理和思考的呈现,本书主要采用"教学案例+理论分析"的模式,对线上教学期间的教学模式、现状和问题进行归纳,并进行深入的思考和分析,希望为广大一线中学教师的线上教学、翻转课堂的研究提供借鉴。

图书在版编目(CIP)数据

"云端"高效课堂研究 / 包晗,石力,侯维主编. -- 北京:北京邮电大学出版社,2021.1
ISBN 978-7-5635-6287-9

Ⅰ. ①云… Ⅱ. ①包… ②石… ③侯… Ⅲ. ①网络教学—教学研究—中学 Ⅳ. ①G434 ②G632.0

中国版本图书馆 CIP 数据核字(2021)第 011789 号

策划编辑:彭 楠　　责任编辑:王晓丹　米文秋　　封面设计:七星博纳

出版发行:北京邮电大学出版社
社　　　址:北京市海淀区西土城路 10 号
邮政编码:100876
发 行 部:电话:010-62282185　传真:010-62283578
E-mail:publish@bupt.edu.cn
经　　　销:各地新华书店
印　　　刷:北京玺诚印务有限公司
开　　　本:720 mm×1 000 mm　1/16
印　　　张:13.5
字　　　数:274 千字
版　　　次:2021 年 1 月第 1 版
印　　　次:2021 年 1 月第 1 次印刷

ISBN 978-7-5635-6287-9　　　　　　　　　　　　　　　定价:66.00 元

· 如有印装质量问题,请与北京邮电大学出版社发行部联系 ·

编 委 会

（排名不分先后）

陈卓国	朱　燕	章　鹏	张松多	马红霞	张永祥
梁新杰	刘长虹	聂　君	吴国涛	丁　亮	张立军
余　莹	韩学良	刘玲玲	蒋首攀	王春萍	包　晗
石　力	侯　维	唐　棠	石阳阳	陈小妹	袁　劲
方　盼	钱　云	童永红	郑晓蓉		

前　言

本书的特点主要表现在以下几个方面。

① 内容充实、指导性强。本书涉及了中学的全科教育：从教学的学科层面，涵盖了语文、数学、英语、物理、化学、生物、政治、历史、地理、体育学科教师的教学成果；从德育教育的层面，包含了班主任班级管理、心理教育等方面。

② 突出高效课堂研究的专业特色。全书内容均为一线中学教师对利用网络如何在线上实施高效课堂的思考和探讨，因此对于教学实践中的各学科教师有较强的专业指导和借鉴意义。

③ 理论联系实际，有较强的实用性。本书中的教学案例都是教师对工作实践的总结，并结合理论进行思考、阐述，书中很多方法、经验对于教学实际有较强的实用性，能够引起同行读者的共鸣，引导读者进一步分析和思考。

本书的编写过程得到了章鹏校长、张松多校长的大力支持和指导，两位校长提出了很多有益的建议，同时，在教学研讨中广大中学部教师积极献计献策，在此一并表示感谢！

2020年是武汉海淀外国语实验学校建校五周年，值此校庆之际，谨以此书作为献礼，祝愿武汉海淀外国语实验学校桃李芬芳，更创辉煌。

目 录

直播教学新魅力,玩转技术促学习
　　武汉海淀外国语实验学校　　袁　劲 …………………………………… 1

"润滑才是硬道理"——网络教学亲子关系缓和小妙招
　　武汉海淀外国语实验学校　　石　力 …………………………………… 10

"家校合作"在线上教学期间实施的案例与反思
　　武汉海淀外国语实验学校　　马红霞 …………………………………… 15

停课不停学,隔屏传递爱——武汉海淀外国语八年级一班管理经验分享
　　武汉海淀外国语实验学校　　曾　磊 …………………………………… 19

润物细无声,花开香自来——把握学生心理特征,巧引作文上道
　　武汉海淀外国语实验学校　　曾　磊 …………………………………… 26

玩转新花样,助力新收获——论如何推动网课下的课外阅读教学
　　武汉海淀外国语实验学校　　曾　磊 …………………………………… 30

九年级数学课——线上教学如何打造高效课堂
　　武汉海淀外国语实验学校　　石阳阳 …………………………………… 34

站在抗疫后战场上的英雄
　　武汉海淀外国语实验学校　　吴国涛 …………………………………… 42

数列的概念与简单表示（教学设计）
　　　武汉海淀外国语实验学校　　　何玉林…………………………………… 48

盈科而后进，放乎四海——网络教学如何营造真实高效课堂
　　　武汉海淀外国语实验学校　　　陈小妹…………………………………… 52

语法教学让英语学习如虎添翼——浅谈中学阶段英语语法教学
　　　武汉海淀外国语实验学校　　　侯　维…………………………………… 59

巧用"小妙招"，收获线上高效课堂
　　　武汉海淀外国语实验学校　　　侯　维…………………………………… 63

教育＞教学——记疫情期间网络教学的工作心得
　　　武汉海淀外国语实验学校　　　高　亮…………………………………… 68

异于传统课堂，"时空分离"之在线教学的探索
　　　武汉海淀外国语实验学校　　　严　妍…………………………………… 73

重新定义班主任：学生与家长之间的桥梁——网络教学期间的案例与反思
　　　武汉海淀外国语实验学校　　　贾园园…………………………………… 78

爱护地球　人人有责——关于美篇《家事国事天下事　海外学子事事关心》的形成历程
　　　武汉海淀外国语实验学校　　　钱　云…………………………………… 82

用爱赋能，做有温度的教育——疫情期间班主任如何进行班级管理
　　　武汉海淀外国语实验学校　　　包　晗…………………………………… 84

浅谈教师在"空中课堂"小组合作学习中的主导作用
　　　武汉海淀外国语实验学校　　　郭芳芳…………………………………… 94

利用网络教学活动促进高中生历史核心素养发展的研究
　　　——以"对人类与疾病抗争的历史的研究"为例

武汉海淀外国语实验学校　　包　晗 …… 98

教之导之,自求得之——八年级物理线上教学课后交流辅导

武汉海淀外国语实验学校　　方　盼 …… 112

网课"3+1"——抓课前,重课中,检课终,课后总结思想通

武汉海淀外国语实验学校　　肖山虎 …… 121

拥抱现代技术,提高课堂效率

武汉海淀外国语实验学校　　罗文凯 …… 124

自律才是自由的最高境界

武汉海淀外国语实验学校　　王　骞 …… 129

宇宙航行教学案例

武汉海淀外国语实验学校　　张　翔 …… 134

不断摸索,共同进步

武汉海淀外国语实验学校　　陈　凤 …… 144

设计"双赢"的线上教学模式、构建适应发展的方向——浅谈网络直播课的点滴收获

武汉海淀外国语实验学校　　余　飞 …… 146

身在隔离病房,心系网络课堂——隔离病房里的网络教学叙事

武汉海淀外国语实验学校　　杨　艳 …… 151

做到"七有",玩转空中课堂

武汉海淀外国语实验学校　　周五萍 …… 158

介绍文稿

武汉海淀外国语实验学校　　岳　丹 …… 166

网络教学,如何成为一名学习设计师
  武汉海淀外国语实验学校   唐 棠 167

"空中课堂"家校合作的实践与感悟
  武汉海淀外国语实验学校   刘长虹 172

科技一直在敲门,老师要不断提升
  武汉海淀外国语实验学校   聂 君 178

线上教学案例分析与感悟
  武汉海淀外国语实验学校   徐 曾 190

未事先卜,防患未然——将德育深入人心
  武汉海淀外国语实验学校   刘 帆 194

防疫、德育两不误,"海外"线上好声音
  武汉海淀外国语实验学校   罗屏志 198

直播教学新魅力,玩转技术促学习

武汉海淀外国语实验学校　　袁　劲

"常人安于故习,学者溺于所闻。"——《商君书》

人们总容易被固有思想束缚,有些旧习使人安逸,不思拓新。疫情之下,直播教学迫在眉睫,唯有不断尝试、创新,方可立于不败之地,正所谓"危机中蕴含着转机"。特殊时期,网络教学是实现信息化必不可少的手段,也是提高教学质量的有效途径。直播教学促进了学校及师生迈向信息化、多元化的进程。

一、网络线上教学的背景

庚子伊始,伴随新年钟声而来的却是新冠肺炎肆虐,病魔亟亟。在疫情防控的第一时间,我校响应国家号召,如期"开学"。在"延长的假期"面前,"停课不停学"已经成为"宅家学生"假期生活的主流。作为毕业班的教师,我也加入了这场"战役"之中,与时间赛跑,提前做好准备,积极寻找线上教学资料,思考线上教学方法,丝毫不放松。

二、网络线上教学的困境

"停课不停教,停课不停学。"当课堂从传统的"三尺讲台"转移到全新的"网络平台",远程教学使师生不仅要"面对面",还要"键对键",一时可能难以接受。传统教学主要是面授,师生零时空距离,教学过程、教学效果都能够得到较好的保证。当前师生教学在远距离时空隔离的情况下,新的问题不断涌现。怎样实现既定的教学目标,真正让远程教育另一端的学生学到知识,这是需要我们深刻思考的问题。

面对新的挑战,教师们心中也难免会有些忐忑不安、不知所措。怎样克服这种紧张呢?当然就是积极投身线上活动,搭建简捷不卡顿"教室",选择师生喜爱的互动方式。在此,我代表武汉海淀外国语实验学校九年级语文备课组,和大家分享一些我们的经验。

三、网络线上教学案例的实施过程

为了切实落实关于"停课不停学"的倡导,保证疫情期间的教学效果,我在开课前进行了多种尝试,以确保学生学习课程的正常进行,探索线上综合教学模式如下:CCtalk 直播间+微信语文群的综合教学模式,同时使用问卷星和微信小程序"班级小管家"进行辅助教学。那么接下来,我们就一起来感受一下"直播教学新魅力,玩转技术促学习"吧!

(一)搭建"云教室",简捷不卡顿

教师需基于所授课程性质、班级学情分析恰当地进行选择。我所授课班级具有人数较少、课堂互动需求大、学生对课件和板书依赖程度较高等特点。基于综合考量以及前期与学生试课的结果,最终我选择了 CCtalk 直播方式进行授课。

教育家严慈提出:"听课是学生学习知识的基本方法,要想学得好,首先就要提高听课的专注度。"课堂教学是整个教学过程的中心环节,而听课是这一环节的关键。心理学研究发现,正常儿童在不同年龄阶段注意力集中的时间不同,一般来说,2~3 岁时专注时间为 10~12 分钟,5~6 岁时为 12~15 分钟,7~10 岁时为 20 分钟,10~12 岁时为 25 分钟,12 岁以上时可以达到 30 分钟以上。可在疫情期间,在没有教师面对面地监管,家长有心无力、无法监管到位的情况下,学生可能连 20 分钟也坚持不了。英国教育家约翰·洛克曾说:"教师的巨大技巧在于集中与保持学生的注意。"因此这个时候采用 CCtalk 直播授课就显得尤为必要。

借助于 CCtalk 直播授课,师生可以随时互动,既方便教师及时了解学生对知识点的理解和掌握情况,也方便教师实时掌握学生上课期间的听课情况,避免学生"开小差"。

CCtalk 在创设课堂时,有多种直播模式可供选择:极速模式具有低流量消耗、无延迟的特点,可以实现语音交流和 PPT 展示;普通模式适用于需要使用摄像头、屏幕分享功能的直播;还有高清模式。根据目前的教学工作,我主要采用的是前两种模式,根据课型进行灵活切换。

在进行新授课时,因为课前需要详细的资料补充,如作家生平、主要活动经历、相关作品介绍和名家点评,所以,在教学中常常需要引入音频、视频进行补充讲解,这时我会选择普通模式。该模式的优点在于音频、视频发送流畅,屏幕分享快捷及时,学生能轻松地了解补充的知识点,学习兴趣浓厚。所以,我们努力把四十分钟时长的课堂"切块",然后分时段插播提前精心准备的视频,有效避免了学生注意力的分散。

在进行新授课时,教师还可以打开摄像头,让学生在小窗口看到教师的面貌,这样一来,授课不再是枯燥地面对着设备,而是模拟了实体课堂的效果,教师的语音、画面同时出现在学生的头脑中,听讲效果会更好。在要求学生读补充文章《我与地坛》的时候,我一开始特意播放满文军演唱的歌曲《懂你》,渲染了情感氛围,临近结束,又适时播放阎维文的《母亲》,当"啊这个人就是娘,啊这个人就是妈"的旋律响起,"你入学的新书包有人给你拿……你委屈的泪花有人给你擦"的生活感受与文本阅读同步结束的时候,学生们热泪盈眶。他们在领悟情感的同时,享受了语文课带来的美感。最重要的是,这种生动活泼的方式代替了教师"一讲到底"的授课模式,增强了学生的课堂黏度。

在进行习题课或者复习课时,我一般会选择极速模式。这两种课型需要实时互动,检测学生的课堂学习情况。在当前的网络环境下,极速模式的流量消耗低,从而可以达到课堂连贯,教师的讲授无延迟,学生上麦回答流畅的目的。课堂上可以由学生讲解,再艾特(@)下一名的方式,在线"击鼓传花",最终高效完成习题讲解。这种极速模式保证了音画同步、实时互动的课堂高效。

(二)"嗨翻"互动,此时无"生"胜有"生"

1. 课前热身

我的课主要在下午第三节。下午正是学生犯困的时候,再加上春季和煦慵懒的春风,学生大多提不起精神。而且第三节课前学生已经学习了两小时,比较疲倦,学习效率低。在学校时,学生之间课间的打闹、适时的眼保健操都能够让学生从昏昏欲睡中清醒过来,但是在疫情期间,学生被困在家里,面对父母的严厉管教,逆反情绪比较严重,甚至有些学生可能沉迷网络,对枯燥的中考考点提不起兴趣。

针对这种情况,为了活跃气氛,课前十分钟我会提前开始直播,学生先在讨论区里进行课堂签到接龙,然后,我会播放一些时下流行的歌曲,如鼓舞抗疫士气的《武汉伢》《会好的》《无声的战役》,还有学生喜欢的流行歌曲《大碗宽面》《狐狸》《下山》等。在这样轻松的氛围下,不少学生会提前进入群聊,催促我开直播间,然后在讨论区里发出他们想听的歌曲,我也通过他们喜欢的歌曲了解了这些"00后"的孩子们的审美趣味和心理需求。

记得在一次课前,小冯同学提出要听《好汉歌》,这是98版《水浒传》的片尾曲,由刘欢演唱,电视剧首次播出时,他们都还没有出生,听完这首歌,他在讨论区里说道:"憋死我了,终于放松了。"原来在疫情期间,武汉各区形势严峻,小冯所在小区里有确诊病例,人人惊魂未定,加之不能出门,面对的是父母严厉的管束,时时刻刻的"爱的叮咛"……他的心理承受能力达到了极限,这么一首歌曲让他跟着大吼了一通,心中的压抑也一扫而空。

肉体的创伤看得见,容易治疗;心灵的创伤既看不见又难以治愈。而歌曲就是心灵最好的疗伤灵药。没想到,这么不经意的歌曲播放竟舒缓了学生紧张的情绪,平复了学生中考压力下的焦躁和抑郁。甚至很多学生提前进直播间,就是为了点歌,放松心情。这种课前互动方式简单有效,能快速让学生平静心情,进入学习状态。

2. 进门测、当堂测、周测,样样不落

毕业年级当然少不了课堂效果检测。利用课前三分钟时间进行课前检测,检测的内容为即将学习的新知识的导学验收,或者是对上讲专题的巩固抽查。借助的工具是问卷星,将做好的问卷星的测试链接发送至CCtalk的群聊讨论区内,学生点击链接即可进行测试。测试完成后,教师在后台进行批阅,还可以形成"龙虎榜",按照时长和正确率进行排名,每天截取前十名的名单,发在讨论区里。这种做法极大地激发了学生的斗志,学生纷纷勇争前十。课堂上也可以根据授课需要,随时发链接进行课堂检测,这样既可以检验学生对知识的掌握情况,又可以避免学生注意力不集中、溜号。每周我们也会利用问卷星进行在线语文周测,限定时间,实时了解学生掌握情况,适当调整授课。

3. 动感课堂,活力无限

教师利用CCtalk的直播间功能可以进行实时讲解,在讲解的过程中可以利用连麦功能进行点名以及与学生主动互动等活动。记得我在讲解一道中考语病题时,刚提出问题,就有不少学生"举手"(学生点击"举手"按键)要回答,在屏幕最下方,能清晰地看到要回答问题的学生,点击学生的头像,邀请语音连麦,学生就可以直接语音回答问题。回答问题的学生当时没有找准错误原因,其他学生急了,纷纷在讨论区里回答刚才的语病问题,这让我感受到了孩子们的积极参与。

讲课遇到比较简单的题目时,我会让学生在讨论区里简单回复,需要讲解的发数字"1",不需要讲解的发数字"2",看到满屏滚动的"2",我就清楚了不用在这道题上浪费时间了。利用学生在讨论区里的及时简短的反馈,能够有效地调控课堂,省时高效。对于知识点的掌握,学生也可以在讨论区里反馈,学会了本堂内容的可以快速打"666",学生兴趣盎然,教师也能了解学生的学习情况,同时不会影响上课秩序,反而会增加课堂互动的气氛。

心理学认为,人在留意某些对象时,大脑皮层的相应区域会形成一个优势兴奋中心。因此在教学中,我会精心设计课堂教学环节,激趣探究,真正做到以导为主,让学生充分地研究、合作,引起学生的兴趣,调动学生的有意注意。我利用微信"班级小管家"的"点兵点将"功能,让课堂真正放肆"嗨"起来。

"点兵点将"具有随机性,对于这种未知的好奇,学生的兴趣很高,学生会盯着滚动的名字,看谁是那个即将回答问题的幸运儿,往往倒数三秒时最激动人心,随着最终结果的出炉,不少学生开始期待下一次的答题。区别于传统教学中师生的面对面,"点兵点将"绝对是一个吸睛的金点子,学生在学习中非常期待这种随时而至的"小游戏",通过这样的课堂,学生不仅能收获知识,更能收获不少乐趣,真正做到寓教于学,寓乐于学。整堂课能做到开课时"一石激起千层浪",结束时"一番滋味在心头"。

当堂直播课程结束后,会自动生成回放,学生可以重复播放。这样,对于课堂上遗漏的知识点,学生可以通过回放再次消化,没记完的笔记也可以通过回放补充完整。而且可以分门别类进行课程设置,便于学生按照内容自行查阅复习,不受时间、地点限制。直播课程还可以进行预告,学生可以预约,临近上课时,预约的学生就会收到通知消息,避免遗忘课程。对于所生成的回放课,从教师自身教学角度来看,教师把每节课都保存下来,作为自身教育教学的素材库,能更好地积累教学经验,每次重新审视课程也有助于更好地总结出新的经验,促进自身的成长。

(三) 布置线上作业,课后差异化辅导

直播课程关注了学生课堂的方方面面,当然课后的落实也必不可少。我主要依托微信小程序"班级小管家"来布置作业,它拥有超强的辅助教学功能,真可谓是教学的"小管家"。利用"班级小管家"里的作业功能进行课后作业的布置,可以实时观察学生完成作业的情况并进行查阅和评价。

在"班级小管家"里,可以选择照片、语音、视频、文档等多种方式提交作业,根据作业布置情况,可以灵活选择需要的提交方式。

语文早自习少不了读书。对于需要读背的内容,我一般采用"视频"提交方式,通过学生提交的语音、视频,可以及时指出学生背诵中的读音错误、断句问题,了解学生的掌握情况。

对于中考基础知识点的练习,我一般采用高级作业的形式。这些基础知识点在中考中是以选择题形式出现的,每道题 3 分,10 道选择题共计 30 分。学生在做完这些基础选择题后,都想在第一时间知道自己的答题情况,高级作业就可以在学生提交作业后,直接反馈正确答案,而且每道题都会有详细的讲解。因为知识点繁多,做错的题目能够在第一时间得到解决,比第二天老师再答疑讲解的效果要好得多。学生还可以在错题反馈处直接点击自己出错的题号,这样,老师在后台就可以了解整个班级的错题情况,以及每一题的出错人员。每个学生哪些知识点没有掌握,整个班级容易出错的又是哪些知识点,老师一目了然,老师在讲解时也更具有针对性。

对于现代文阅读,我一般会布置成普通作业形式。通过逐题批阅,打上每小题的分数和阅读的总分,让学生有更直观的认识,清晰地知道哪些题目没有得到满分,以便学生在第二天的阅读讲评课上,认真听讲,解除疑惑。

作业发布可以设置成"定时发布"和"及时发布"。在教学任务繁重的情况下,容易忽视作业布置,这时,我们可以提前一天设置定时发布作业,之后,在预定的时间系统会自动发布作业,省时省力,避免遗忘,这样也避免了在忙碌中容易布置错两个班级作业的情况。

作业批阅可以采用多种方式进行。等级打分可以选择 AB 评分、优良评分,也可以采用具体的分值评分,还可以采用发放小红花的形式。通过给学生发放小红花,激发学生的好胜心。小红花数目可以累积,后台会自动统计,这样一周、一个月的小红花的数量就会形成排行榜,对排名靠前的学生,可以颁发电子奖状以示奖励。利用这样方便的小程序,学生们的学习达到了事半功倍的效果。

对于不同班型,学生的层次不同,利用"班级小管家"还可以实现分层作业的布置。对学生进行分组后,布置作业时,选择部分人完成,就可以根据需要对学生进行有针对性的、个性化的培补。作业批阅也比较方便,可以直接涂鸦批阅,也可以将批阅结果输入文本框,还可以在评论区发语音讲解,形式灵活,实现对学生的个性化辅导。

(四)线上沟通方式多,玩转技术显高效

疫情之下的在线教学少不了和家长的沟通。家长们最关心的无非是学生的课堂表现、作业情况以及最后的成绩反馈。每天的上课考勤、学生的随堂笔记、每天的作业情况都可以通过"班级小管家"了解,家长们甚至可以通过"课程表"来了解每周老师的教学任务以及自己的孩子所在班级的教学安排,可以及时掌握教学的方向。

时间	早自习学习任务	上午区语文课程	上午学校直播课	下午分层作业布置	晚自习时间
2月10日	背诵9.《鱼我所欲也》,发视频	梅岭三章(第二课时)	选词填空专题一	1. 作文二稿继续补完 2. 选词填空训练一	18:20—19:00 四班 20:00—20:40 一班
2月11日	背诵《鱼我所欲也》第一段	无	无	素养阅读两篇1~2	18:20—19:00 四班 20:00—20:40 一班
2月12日	背诵10.《唐雎不辱使命》1~2段	梅岭三章(第三课时)	选词填空专题二	1. 选词填空训练二(限时完成) 2. 病句专题导学案	18:20—19:00 四班 20:00—20:40 一班

续 表

时间	早自习学习任务	上午区语文课程	上午学校直播课	下午分层作业布置	晚自习时间
2月13日	背诵《鱼我所欲也》第二段	短诗五首（第一课时）	语病专题一	1. 语病专题训练一 2. 素养阅读3	18:20—19:00 四班 20:00—20:40 一班
2月14日	背诵10.《唐雎不辱使命》3~4段	短诗五首（第二课时）	语病专题二	1. 语病专题训练二 2. 作文训练二	18:20—19:00 四班 20:00—20:40 一班

时间	早自习学习任务	上午语文课程	下午分层答疑
3月16日（周一）		9:05-9:40 作文专题第五讲 （在cctalk里上课）	14:00-14:35
3月17日（周二）	背诵21课《邹忌讽齐王纳谏》第1段	无	14:00-14:35
3月18日（周三）		8:15-8:50 作文专题 第六讲 （在cctalk里上课）	14:00-14:35
3月19日（周四）	背诵21课《邹忌讽齐王纳谏》第2-3段	10:00-10:35 标点符号第一讲 （在cctalk里上课）	14:00-14:35
3月20日（周五）		11:10-11:45 标点符号第二讲 （在cctalk里上课）	14:00-14:35

毕业年级学生的家长最关心的还是考试情况。考试成绩是个敏感话题，家长要了解孩子的分数、错题、没掌握的知识点，我主要借用"班级小管家"里的"发布成绩"功能来解决这个问题。通过相应的设置，成绩发布后，家长们只能看到自己孩子的考试情况以及每道题的得分情况。后台还能查看还有哪些家长没有及时看到成绩，可以一键提醒，确保每位家长了解学生的考试情况。

疫情期间,我们还进行了线上语音连麦的家长会,让家长们了解老师们目前的工作、学生们整体的状态表现以及后期的教学方向,这样才能三方合力,共赢中考。

为了更好地促进学生的学习,疫情之下的教研活动也运用了新技术,我们主要采用QQ直播的分享屏幕方式,每周、每月定时开展学校语文组的备课组会议和教研组会议,老师们相互学习,积极探讨,寻求更好更高效的方法。

直播教学新魅力,玩转技术促学习!虽然因疫情学校推迟了开学日期,但是线上教学的尝试使得我们在短时间内对各种信息化教学手段,如直播教学、微课录制、小程序运用等,进行了快速的学习、掌握及应用,这不仅保障了本阶段的在线直播教学,也为开学后的混合式课堂教学打下了坚实的基础。学生们在这样的教学模式下"停课不停学",在抗击疫情的同时,巩固学过的知识,学习新课程。

尽管开展网络教学的过程中无论是老师还是学生都面临着困难,但只要有了把课上好的决心,我们相信,所有的问题都会迎刃而解!让我们一起静待花开,不负流年!

"润滑才是硬道理"
——网络教学亲子关系缓和小妙招

武汉海淀外国语实验学校　石　力

庚子年春,新冠疫情肆虐中华大地,老百姓响应政府号召,足不出户,隔绝疫情,与此同时,网络教学也提上了议事日程,往日在教室里"叱咤风云"的老师们纷纷自我升级,学习各种直播技能,讲笑话,拼段子,随机连线查考勤,点兵点将答问题,使出浑身解数调动孩子们的积极性,希望即使隔着屏幕他们也能感受到老师们殷切的期待。

但随着网络教学的全面铺开,日趋紧张的亲子关系却成了班主任老师们眼前亟待解决的另一个难题。

"老师老师,我孩子真的太不像话了,晚上玩手机到12点,怎么说他都不听!"

"老师啊,我发现他们在自己的QQ群里抄答案,我也不敢说,偷偷跟您说一下,您看看怎么管一管啊!"

"哎呀,我妈真的好烦,晚上要我开着门做作业,凭什么啊?"

"整天叨叨叨,就知道叨叨叨……"

左边是家长无奈的吐槽,右边是孩子不耐烦的抱怨,作为班主任老师,接收这些信息已然成了家常便饭,"青春期"撞上"更年期",矛盾往往此起彼伏,在这个家长与孩子朝夕相处的特殊时期,双方的矛盾更是像火柴碰上了炸药,轻轻一蹭,就会燃起惊天巨火。

三月底的一天晚上,快11点的时候我收到了王同学发来的信息,孩子的言语中充满了对大人的愤怒和控诉,事情其实并不大,王同学月考数学考得不理想,白天我和王同学的妈妈多说了几句,家长估计就新账旧账一起算了,完全没有考虑孩子的感受。王同学平素就属于略冲动型,这个时候我担心他一气之下从家里跑出去,深更半夜,安全是个大问题,所以我做的第一项工作是让他宣泄,一边听一边尽量缓和他的情绪,在表达自己观点的时候毫不犹豫地站在他那边,传达给孩子的信息是:老师是支持你的,你确实受了委屈,你妈妈做得不对,回头老师会去和她沟通。待孩子的情绪稍微平缓之后,我开始引导他去发现自己做得不对的地方,比如言语中辱骂妈妈这件事。紧接着,我又给王同学发了多条语音对他进行了肯定和表扬,告诉他在老师眼中他是个有很多优点的孩子,妈妈可能是因为太生气了才有些口不择言,同时向他承诺了会和他妈妈沟通这一方面的问题,孩子的情绪终于慢慢和缓了。

但矛盾只是暂时告一段落,并没有得到真正解决,这个时候我开始思考,家长之所以如此"炸毛",是因为收到了老师的负面评价,那么在这个孩子的家校沟通方面,就应该调整一下策略,暂停负面评价,尽量多传达一些正面的信息给家长。过了两天,我借着孩子作业做得不错,给王同学的妈妈发了信息,表扬了孩子的作业完成情况,说了孩子的优点,在家长心情比较愉悦的状态下,委婉地建议她改进和孩子沟通的方式。在和家长沟通之后,我又把和家长的聊天记录发给了王同学,其实目的只有一个,那就是告诉王同学,老师是值得信任的,老师答应了的事情一定会做到。这样可以进一步加深师生间的信任感,那么下次这个孩子情绪冲动的时候,他依然愿意和老师沟通,从而避免产生更大的矛盾。

王同学与其家长的亲子关系矛盾前前后后花了一个星期的时间才得以解决,这期间我也在反思,虽然这是个例,但在其他家庭中肯定也会有不同程度的矛盾,那么该如何避免呢?所谓一个巴掌拍不响,既然产生矛盾双方都有责任,就应该同时从学生和家长两方面来采取措施。

首先,针对学生,主要从以下两个方面去抓。

(1) 主题班会做好思想引导工作,教育孩子们要心存感恩之情

第三周召开了主题班会"在这场疫情里,你想谢谢谁",大部分孩子想感谢的都是奋斗在抗疫一线的医护人员,也有孩子提到了自己的父亲主动将家里的宾馆捐出作为隔离点,老师顺着话题延伸下去,丢了一个小问题给孩子们:在疫情期间,武汉封城,各项物资购买比较紧张的情况下,你们只需要完成线上学习,而爸爸妈妈每天不仅要完成自己的工作,更要绞尽脑汁让你们吃饱穿暖,大家是否也应该感谢一下自己的爸爸妈妈呢?说到这里,大部分孩子沉默了,他们为自己忽略了平淡的幸福而不好意思,因此第三周布置的德育作业便是给家长做一道菜,孩子们扮演了小厨师,手忙脚乱地体验着做家务的不容易,家长们品尝着也许不那么美味的食物,心里倒是乐开了花,家长和孩子们走出了互相体谅的第一步,绝大部分的家庭度过了一个其乐融融的周末。

当然,只开一次主题班会是不够的,在后面第六周、第八周又召开了"智慧小故事

学习""人际关系小妙招"学习分享会,交流了文章《中学生与家长的博弈:为什么孩子总喜欢锁着房门》,引导孩子们明白权利与义务是对等的,想要心安理得地玩手机,首先应该把自己分内的事——学习上的所有问题——解决掉,并引导孩子们正确看待父母的批评。

(2) 建立一对一师生协议

大部分学生在老师锲而不舍地引导之后都趋向好转,但是依然存在部分学生我行我素,和家长的矛盾也比较尖锐,针对这一部分学生,采用的方法是一对一的沟通,询问学生目前存在的问题是否需要老师和家长沟通,学生多半是不希望的,他们并不喜欢老师和家长的"混合双打",所以很容易和学生达成一致:老师可以暂时不向家长反馈,但是要看到你的改变及进步。学生在做了这个承诺之后,行动上或多或少都有向好的趋势,而一旦看到孩子的进步我会立刻向家长反馈。家长收到反馈很开心自然会表扬孩子,而孩子尝到胜利的甜头之后会更有学习的动力,从而进入良性循环。

这种一对一师生协议在缓和亲子关系的时候可以用,在教育教学的其他方面也很实用,表面看来是卖孩子一个人情,实际上却拉近了师生之间的距离,对于建立稳固的师生关系是非常有帮助的。

那么家长层面我做了哪些工作呢?

其实一开始考虑家长的教育问题的时候,我是很犹豫的,一是因为我们的学生家长年龄层在四十岁以上,就中年人的惯性思维来说,他们坚持了多年的行为习惯比较难改变,二是因为私立学校的家长的社会地位一般都比较高,他们习惯了教育教导别人,对于批评性的意见未必会像孩子那样虚心听取。那么在沟通的时候我主要采用以下三种办法。

(1) 少告状,多表扬

疫情期间,家长除了要解决生活工作中的各种问题,还要和处于青春期的孩子斗智斗勇,在这种背景下,老师的投诉就非常容易点燃他们的爆点,所以我更倾向于把学生学习上的问题留待课堂上去解决。而在和家长沟通方面,不管孩子成绩或者行为习惯如何,我坚持每周至少表扬一次,如上课发言积极,作业有进步,体育锻炼打卡认真,甚至早上起得早,第一个打卡也会成为我表扬的理由。我经常和家长说,我们要拿着放大镜去找孩子的优点,想要传达给家长这样一种信息:第一,他们在家里看着横竖不顺眼的孩子老师是喜欢的;第二,要学会挖掘孩子身上的优点。提醒家长们表扬是一个使孩子建立自尊心和自信心的好工具,无论是在孩子失败的时候还是在孩子成功的时候,家长都应该多鼓励孩子,给孩子重新开始的勇气和再接再厉的信心。也提醒家长不要只盯着孩子的成绩单,这样会和孩子越来越没有共同话题,因为孩子会觉得父母眼中只有成绩没有他们。这样坚持长期引导,在班级群里多多传递正能量,家长的焦虑情绪就会相对减少。

(2) 找准反馈时机

问题当然也要说,特别是屡教不改的孩子,不反馈的话家长会觉得老师不够负责任,我会选择在适度表扬之后,先说说孩子最近做得比较好的地方,给予肯定在先,在家长心情比较愉悦的情况下,反馈孩子现在存在的问题,并且会先给出我这边的解决方法和策略,而不是简单粗暴地把问题抛给家长,最后再委婉地提出自己的建议。这样来沟通,家长一般也听得进去。

(3) 信息共享

及时地和家长们分享关于缓和亲子关系老师做了哪些努力,分享亲子关系方面的文章及讲座,家长们在看到老师的付出和成效之后也是很愿意配合去做一些改变的。因为很多时候他们其实只是缺乏方法,在接收到这些信息之后,大部分家长是会相应地去做一些调整和改变的。

结语：青春期的亲子关系是存在已久的难题,想要完全消除更是难上加上,但我相信只要用心,多了解情况,多尝试各种沟通方式,做好双方的润滑工作,就一定可以多多少少解决一些,也希望各位老师在做好本职教学工作的同时关注亲子关系的调节,引导孩子知对错、懂感恩、明事理,毕竟在教育层面,成人比单方面学业上的成功更重要。同时,做通了孩子的这些教育工作,相信我们后期的教育教学工作也一定会更加顺畅。

"家校合作"在线上教学期间实施的案例与反思

武汉海淀外国语实验学校　　马红霞

【案例背景】

鲁迅先生说过:"谁塑造了孩子,谁就塑造了未来,不仅是自己的未来,还有孩子的未来,民族的未来。"而家庭和学校恰恰是学生成长和学习的两个重要环境,对塑造学生发挥着举足轻重的作用。尤其是疫情导致的线上教学时期,家庭教育环境格外被放大,为此,如何构建"家校合作"的教育模式,如何充分利用家长和老师各自的优势资源来管理和教育学生,成为亟待解决的关键问题。

面对青春期的初中生,家长们的更年期几乎都提前了,往日的母慈子孝,在连续几十天的朝夕相处和耳提面命的"赶紧学习""作业写完了吗""交手机"中消失殆尽。家长们此时此刻最需要的就是老师们的"拔刀相助",所以"家校合作"需要的就是家长和老师团结一致,攻克疫情期间教育这个难关。

【案例描述】

[案例一]

无奈——赏识

家长短信求助班主任:老师好!麻烦您抽空给我打电话问下孩子的作业情况,但不要说是我让打的,到时候我让他接,让他自己回复老师,不能每天只顾着玩游戏,不做作业了。

班主任电话连线家长:喂,您好,请问孩子在吗?我想跟他沟通一下呢!(学生接)我来求助一下我们班最棒的小学霸啦,快快跟我分享一下你线上学习的方法和经验吧!咱们班有些同学管不住自己总想玩游戏,老师也不太懂这些游戏,平时在学校时你可是咱们班最模范的自律小专家,快来帮老师给他们出个主意吧!明天晚总结时,你给大家讲一讲呗,从课堂到作业,我们要克服哪些困难,如何合理规划学习时间,如何正确对待作业等。你平时人缘就好,你说的大家一定爱听……

班主任与科任老师沟通:近几天多关注该学生,多表扬,多提问,课后线上多交流。

结果:该学生几乎每天按时提交作业,偶尔补交。

[案例分析]

家庭本就是放松的环境,突然变成"教室",必然会使学生的心理产生不良反应,学生容易产生消极抵触情绪。加上家长的教学思维停留在自己上学的那个时代,已然脱离学生的现代学习模式,使学习变成了无限循环的"听课—写作业",了无乐趣。此时,家长的"无奈"就需要老师的"赏识"来化解。学生每每受到表扬和肯定后会产生特有的自豪感,就像周弘老师在《赏识教育》中说的那样,"赏识的言语和行动,像温暖的阳光,能融解人心中的冰山",所以在老师的赏识下,学生会健康快乐又阳光自信,从而实现良性循环。

[案例二]

恒气—严慈

背景:按惯例,每天 8:00 准时早读视频打卡。

家长发微信:(发照片,孩子坐着发呆)老师您看,早晨起来不洗漱也不读书,就这么干坐着,我说话也不听。

班主任回复:您别急,我来,马上给他打电话。

班主任电话连线学生:喂,亲爱的小家伙,你在早读吗?

生:在读。

师:说实话。

生:没。

师:怎么了?是身体不舒服,还是读书遇到什么困难了?跟我说说。

生:就是不想读。

师:嗯,我特别理解你,就像我也不想隔着屏幕上课一样。我知道你是想回学校,想老师想同学,老师何尝不是啊!可目前的情况非你我能改变啊!要不这样,每天这个时间老师准时联系你,咱俩视频读书好不好?一起大声朗读,比赛一下,如果你读得比我好,返校后我一定给你发张奖状。

生:啊啊啊?不用了老师,我自己读就行。

师:能大声?

生:能。

师:配合家长录视频?

生:配合。

师:君子一言。

生:驷马难追。

师:我就知道这么优秀的你一定会好好读书的!去给妈妈一个拥抱吧,妈妈今天被你气到了呢！百善孝为先,妈妈天天陪你早起,给你做饭,为你服务,你还惹她生气,于心何忍啊?

生:好的,老师……

家长发微信:老师您太棒了!爱您哟!马上老实了!

班主任回复:他能听我话还不是您教育得好,您教他懂得尊师重道。孩子再有任何情况随时告诉我,我来给您排忧解难哈!

[案例分析]

家长已然被孩子气得火冒三丈,此时老师的出场一定要"釜底抽薪"才行。我的脑海中闪现的是《中小学教师职业道德规范》第三条关爱学生中提出的要求:"对学生严慈相济,做学生良师益友。"苏联教育家赞科夫也曾说过:"不能把教师对学生的爱,仅仅设想为用慈祥的关注的态度对待他们,应当同合理的严格要求相结合。"所以,此情此景我仅仅送温暖是不可以的,还要有严要求,但这个严要求一定是我也必须做到的才行。于是"每天这个时间老师准时联系你""咱俩视频读书",既是严格要求与温暖关怀的共同体,又带着只可意会不可言传的"威胁"。得益于平时的德育教育,学生在家依旧尊师重道,与老师沟通后理解和感恩父母,这就平衡了"怄气"和"严慈并济"的家校合作。

[案例三]

懒惰—鲶鱼

家长 A:老师,孩子每天的运动打卡都是糊弄人的,只有我拍视频的时候他才动一动,最多运动三五分钟,然后就不动了。

家长 B:老师,我叫了几次孩子都不肯出来运动,还把门锁上了。

班主任:大家都别急,我来想办法。

班级师生群里,班会课上。

班主任:孩子们,我最近发现群里有个视频功能,可以同时视频9个人,这一发现让我好开心!你们知道吗?这样的话我就可以在每天大课间运动时,抽8名同学跟我一起视频运动打卡,每天坚持运动30分钟,一方面同学们能互相看见,好久不见甚是想念呐,另外一方面,大家伙儿一起运动起来互相打气,氛围浓厚,否则一个人运动很缺少动力呀!你们说是吧?

结果:每天大课间抽8名学生一起运动30分钟,截屏到群内,其他学生依旧视频运动打卡,几乎每天都能全额完成运动任务。

[案例分析]

在这个案例中,我把自己定位成了"鲶鱼"。"鲶鱼效应"是老师激发学生们活力的有效措施之一。在家长已无力驱赶孩子们的"懒惰"时,老师适时引入一条"鲶鱼",是可以在很大程度上刺激孩子们重新爆发战斗力的。

[案例四]

老师:今日作业反馈,孩子还有一项作业没完成哦!

家长:马上检查,我来催他。

[案例五]

班主任:第一次网上考试,烦请您在考试时间静静坐在孩子的身边,一则陪伴,二则监督。网络信息传递的速度超乎我们的想象,孩子们的互动在考试时更需要监管,拜托啦!

家长:收到,一定严格监考。

[案例六]

老师:以上是本学科月考情况分析总结,烦请各位家长仔细阅读,务必引起您的重视,拜托啦!

家长:已认真阅读,一定积极配合,感谢老师!

【案例反思】

疫情期间"停课不停学",线上教学是不二之选,"家校合作"需要的就是天衣无缝的配合,家长与老师互为支撑:当家长无计可施时,老师就是"撑腰石";当老师鞭长莫及时,家长就得"冲锋陷阵"。"水常无华,相荡而成涟漪;石本无火,相激而发灵光。"家庭教育和学校教育是影响孩子成长的最重要的两个因素,整合家庭教育和学校教育,形成教育合力,对孩子的健康发展非常必要。正如苏霍姆林斯基所说:"最完备的社会教育是学校-家庭教育。"

停课不停学，隔屏传递爱
——武汉海淀外国语八年级一班管理经验分享

武汉海淀外国语实验学校　　曾　磊

初中生正值"身心俱变"时期，其中初二学生尤为明显，美国心理学家霍林沃斯称之为"心理断乳期"。还有人认为初二是整个中学阶段"最危险"的时期，初二学生最难管理，称之为"初二现象"。在疫情之下，我们刚好遇到了"初二"。

从功利性来看，武汉市53%的高中升学率使他们不得放松；从非功利性来看，在这个性格可塑期，运转自如的班级体系尤为重要。

在此，从以下几个方面来分享我们班的班级管理措施。

一、工欲善其事，必先利其器

开学的前两天，紧急召开"班委会"，在线与班长、各学科课代表沟通并确定开学第一周拟建立的学习群，确保开学第一天（2月10日）所有教学及班级管理正常运转：

① 班级课程直播QQ群（答疑群）；
② 各学科配有助困群（由各学科课代表负责）；
③ 延用家校沟通群，各学科教师成立各自的"学习小组"群。

二、效仿武汉市管理小区的特色——网格员管理形式

班级的总管理由何××（执行能力很强）和周×一（组织能力超强）两位班长负责，其中包含日日总结；各学科情况由课代表总负责，每一个学科至少有两名课代表，各自分工，各司其职，例如，语文学科有两名课代表，细心的黄×艳负责语文课课堂情况的监管，李××负责培优助困群的监管。

各个学科的课代表可以通过竞选之后，由大家投票，最终由班主任和科任教师协商确定，课代表都有一个月的试用期，在试用期内，表现不好的课代表可以被撤换掉。不论是哪个学科，课代表不用是班级内成绩最好的，但一定要上进，并且有责任心，一旦课代表不够积极主动，科任老师就要根据当天的情况及时沟通，监管到位。

三、个性沟通和团体班会

对于班级学生的管理方式便是"个性"和"集体"双管齐下。在开学第一周,便与班级内每一个孩子进行私下线上沟通,了解孩子们的现状;第二轮的沟通以"解决个性问题"为宗旨,以"集体"班会的召开为辅。如班级内一线医护人员的子女梅××,妈妈在重症科室工作,网课开始至今,之前主管孩子学习的妈妈就没回过家,此刻我就要接过"接力棒",通过电话、微信等方式监管上课状态,关注作业质量,询问平日生活状况,尽可能解决我力所能及的事情,所幸,从第二周开始,这个孩子已经逐步回升到曾经的学习状态。

从2月9日入学班会的召开,便一直在思考"如何让班级的学生全部参与班会,使班会的效果实现最大化"。

于是,在第一期由"试用班长"周×一做"如何应对新冠病毒"的知识讲座时突发奇想:假如每个学生都参与班会活动的设计,是不是大家的主动性就会强很多?

从第二期班会开始,我们每一周的班会主持者由班长、语文课代表、数学课代表等逐步推广到全班的每一位同学;每一周班会的主题都会在周末的时候,由班会主持者和我针对上一周网课学习中的突出问题商榷之后再确定,如第二期班会主题"关于网课新认识",第三周针对上课专注度开展的"我们认真听课了吗?",第四周班会主题"合理安排时间",第五周根据语文学科特色,两位课代表组织的"网络暴力和社会暴力,哪个危害更大"的辩论会……

从第二阶段开始,就由班干部协助其他同学主持班会,每一期的主题会根据时事或班级出现的问题来确定,迄今,每一期班会都很有成效。

学生们的创意永远超乎我们的预料。以同龄人、同样身份的人作为德育活动开展的推动者,效果远远甚于班主任唱"独角戏",但"放手"不等于"放任",对于每一次的班会,班主任都必须贯穿始终,尤其要对学生活动进行总结,要凝练每一次班会主题,并在下一周学生们的学习生活中抽调研究。

四、学习内容有规划,班级量化有序

开学之初,针对网课,我们设计了班级量化表格,计入作业和课堂表现两大类,每周五的时候,会由老师统计,公布前三名和后三名,每周前三名的学生都会有奖励(返校发放),后三名的学生会在周末额外增加"家庭劳动"。每周末,我会在学生们的学习群和家长群发送下一周学习内容,便于学生们利用周末时间预习和制订下周的学习计划,同时便于有时间的家长们及时监管。

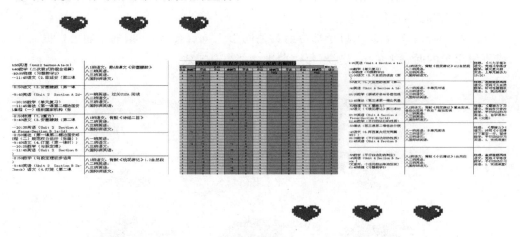

五、线上"4+2+1"班科齐心助力每一个孩子

"初二现象"之所以令人苦恼,就是因为这个年龄段的孩子心理发展的独特性,加之如今更多的"周末亲子"的家庭现状以及电子产品的冲击,最后形成家长和学生之间的矛盾冲突,其直接作用于师生之间,更显著表现于学习上,尤其是在网课期间,"亲子矛盾"远可怕于"学科知识"的匮乏。

为此,我们除了日日在"班科群"沟通班级学生情况,也会架通学生、家长之间的桥梁,将我们在学校期间操作的"老师们+学生+家长"的座谈会直接搬到线上。

班级里一个特别叛逆的孩子经常作业没完成就玩游戏,他父亲多次劝解无效,直接动手打了这个孩子,这是这位父亲第一次动手打孩子,儿子也动手打了父亲,父子冷战,直接激化了家庭矛盾,孩子也开始消沉。事发第二天,我知道这个情况之后,就跟孩子通过电话沟通,站在孩子的立场去思考他如今很郁闷的心情,孩子讲完"打架"事件后,内心至少没那么沉重;紧接着我就跟孩子母亲联系,安抚急躁的母亲,通过她来疏导父亲的情绪。

这个孩子在事发后一周,状态持续较为低迷,家长甚至求助了心理医生。作为班

主任,也作为语文老师,面对孩子的现状,尽管很担心,但更重要的是付诸行动,每天我都会及时提醒孩子交作业,但不催促,每天都会在作业评阅后附上"加油"或者单独给他留言一段关心他的话,时刻提醒他"不管发生什么,我们老师都在陪着你,同学们都在等着你"。

一直到3月6日,我们班针对网课中的突出问题"亲子关系"召开了家长会,这个孩子的状态慢慢回温了,据妈妈反馈,"和爸爸冷战之后,第一次主动关心'爸爸去哪儿了'",之后几天,从上课的状态可以看出,这个孩子正在往"温暖"的方向迈进。

在这个特殊时期,有很多孩子和家长的"无助"往往会被屏幕遮盖,这时需要班科老师们齐心协力,共同帮助家长们解决他们的苦恼,毕竟"教育就是一棵树摇动一棵树,一朵云推动一朵云,一个灵魂唤醒另一个灵魂"。

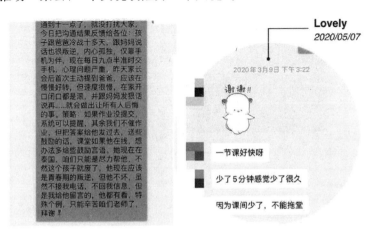

六、及时的"线上家长会",携手促进家校合作

网课第四周结束,我们就及时召开了"线上家长会",及时介绍了孩子们的学习状况以及班级管理的方式。

"祸兮福之所倚,福兮祸之所伏。"不幸的是我们不得不隔屏上课,隔屏监管学生;幸运的是"初二熊孩子"此刻正在家人身边,很多矛盾没有直接发生在师生之间。但我们也要思家长之所苦,通过"家长会"和班级的"日日小结"让家长们及时了解学生的学习状况,解决家长们的困惑。

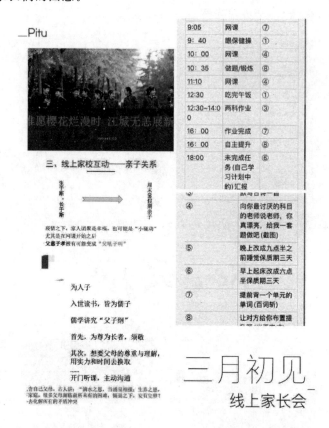

七、推行"自律"—"小组互督"—"家长监督"策略

网课下的学生不似平日在老师的监管下学习,在这个特殊的年龄段,孩子们不可能有绝对的自律性,如同我们班一个学生所说,"不知道为什么,网课上着上着,越来越容易走神",这还是一个平日对自己要求极严格,成绩名列前茅的学生,更何况是其他的学生?

如果一开始我们就把"监督学习"这个重任甩给学生家长,我想可能就如同抖音里那个焦头烂额教作业的爸爸那样,所有的家长可能真的"疯了",或者在走向"疯了"的路上,还有可能出现上述案例中的"父吼子叫"或者"父揍子跳"。对已经复工的家长来讲,这种监管方式几乎不可能。

所以我推行的是给所有的孩子两周的适应期,给这群"思想自由"的青春期孩子们"自由",平时常跟孩子们说"世间没有绝对的对和错,只要你选择了,坚持了,并且能为其承担结果,那你就是对的"。前两周的"自律"效果明显很差,在第三周班会课之后,我们就开始组成"互督小组",同学们私下可以根据自己的需求寻找搭档,最后拟订"互督计划",并且根据每一周班级量化的情况及时调整学习状态,暂时看起来,这种办法施行效果较好,希望不会用到最后不得不为之的"家长监督"。

德育之路"道阻且长",但值得我们每一个走在教育路上的"行人"去积极探索,助力每一个学生的个性生命在成长路上熠熠生辉。

润物细无声,花开香自来
——把握学生心理特征,巧引作文上道

武汉海淀外国语实验学校　曾 磊

摘　要：在信息高速运转的时代,初中生在面对"写作文"时鲜少有热情,只有立足于初中生心理发展特点,激发学生写作兴趣,创新教学方式,才能让学生在中学写作的道路上平稳前行。

关键词：心理特点　写作兴趣　创新

"新课标"提出中学语文学科素养包含"语言建构与运用、思维发展与提升、审美鉴赏与创造、文化传承与理解"四个方面,想要提升学生的语文学科素养,作文教学是必不可少的内容。

信息化快速发展的今天,语文存在于日常生活中,但对电子产品不离身的中学生来说,学语文似乎成了一件麻烦事,"作文教学"依旧是令师生焦头烂额的一大难题。如果能立足于学生的心理发展特点,作文教学中"写作无兴趣"的问题可以得到解决,学生的语文素养才能得以提升。

一、初中生的心理特点

初中阶段刚好遇上孩子们心理上发展的特殊时期,心理学上谓之"心理断乳期",俗称青春期,心理学上认为"急剧而又呈弥散性的身体和激素变化对他们的心理产生重要的影响,他们渴望自己能被他人像成人一样对待"。青春期实际上就是孩子们的二次人格再现期,这个时期的孩子虽然自主意识很强,但还是"青苹果",尚且很稚嫩；表现欲很强,但山外有山,人外有人,害怕"输",却又极希望被肯定；内心孤独苦闷,希望被认可……

基于这种"二次人格"特点,如果我们没有通晓这个年龄段的学生的心理特点,所有的教学就不能立足于真正的学情。《孙子·谋攻》中说道："知彼知己者,百战不殆。""写作文"困扰了大多数的中学生,要引导这个阶段的学生在中学写作的道路上一路前行,必定要熟悉学生的心理特点和写作教学中学生的学科学情。

二、以"无功利"写作促进"作文教学"

"工欲善其事,必先利其器",想要提升"作文教学"的效果,必定离不了这样的"兵器"——学生的兴趣。

兴趣是最好的老师,要挖掘出"写作"中的"兴趣",就要基于学生希望被认可,害怕出错,也会用极端的行为恼怒出错这一心理特点,用"无功利性"写作引导学生陆续走上中学语文写作之道。

(一) 无功利的"周记"写作

很多学生认为"写作"就是为了"应对考试","我学习使我妈快乐",所以对"写作"很少有发自内心的欢喜,更多的是一种强制性的、被动的学习,始终难以达到真正的写作教学效果。故而,必须将"被动"学习转化为"主动"学习,提升学生兴趣的途径之一就是提倡无功利的"周记"写作。

初一是学生从小学生活向初中生活过渡的一个阶段,初一学生对初中的新鲜事物充满好奇,"二次人格"多数还没有初显,"周记"是引导学生们从小学作文走向初中作文的恰当途径。每周布置"周记"写作,并且每周或每半个月留出一节阅读课进行"周记大比拼",可以给每次语文课堂"断篇"增加一些趣味性。

因为"周记"不需要像"考场作文"那样规范批阅,我们可以把"优秀周记"在全年级师生群、家长群中推广,可以让"被认可"的范围更大,让"我也想写出'优秀周记'"的意念在学生群体中广而传之,吸引更多的"写手",悄无声息地提升学生们"语言建构与运用"的能力。

(二) 内容丰富的学科活动

夸美纽斯曾强调"教学是把一切事物教给一切人类的全部艺术"。[1]写作教学也可被称作一门"艺术"。

"艺术"在台上绚烂的那一瞬间,需要无数的台下功,很多学生惧怕"作文"的一大心理障碍就是——上台太难,台下功夫太深奥。如果我们将"台下功"变得更加简单化、生活化呢?

1. "读书汇报"和"新闻评论"交相进行

书读百遍,其义自见。骆宾王七岁作《鹅》,杜甫幼时"咏凤凰"……这些均非天赋使然,而是因为他们读的书足够多,写作视野足够广阔。对于写作缺乏信心,尤其是写作缺乏素材的学生,每周的"读书汇报"和"新闻评论"活动是最佳途径。

"读书汇报"类似于读书推介,学生将自己读过的比较好的书目或者文章推介给同学们,在推介的过程中,既提升了语言概括能力,更促进了思维能力的发展。对于愿意读"书"的学生,我们将电子产品充分利用起来,引导学生选择时事新闻或者热点话题进行"评论",不论学生所选取的内容是否前沿,都鼓励学生大胆点评,学生从敢于上台,希望每一次的点评获得更高的赞誉逐步推进,在日积月累的"评论"中提升逻辑思维能力。

2. 学科竞赛的有序化

要充分利用学科特性,将语文学科竞赛阶段化、序列化,辅助"写作教学"。

七年级学生适合大面积阅读,课外拓展,适合举行"文学常识知识竞赛"和"朗诵比赛",以读促写,为写作夯实基础;八年级学生心理逐渐成熟,对社会热点和生活现象开始形成了自己的观点,这个阶段较适用"辩论赛",以提升学生写作中的辩证思维;九年级学生思想更成熟,思维能力空前提高,对"被认可"的期望值更高,这时可以用"想象类作文比赛"丰富考试压力下的初三生活,更可以让学生找到一个平台驰骋想象,大胆创新。

三、创新教学方式

(一)"写作指导"和"写作讲评"完美融合

教师在教学活动中的主导地位决定了我们必须在"写作教学"过程中将"写作指导"和"写作讲评"相结合,让学生在每一次的写作课上有指导,有练习,更有反馈,将学生的作品作为写作讲评课导学案的主体部分,让所有的学生成为"阅卷教师",对每一份范文进行点评,深化"作文指导课"上的知识性内容,让学生体会相似的文字在不同作者笔下的不同魅力,提升学生在语文学习过程中的审美鉴赏能力。

(二)学生主备"作文讲评课"

"为人父母后,方知父母辛苦",同理,学生只有自己成为"写作教学"的教师,才能更好地品评优秀作文,最后成就优秀作文,达到"写作教学"的最终目的。

七年级学生相对稚嫩,以书中的古诗词为本,可以初尝让学生备课,使其熟识写教案的过程。到了八年级的时候,学生已经熟识老师的作文讲评过程(回顾作文题目,审题立意,材料支撑的判断,范文点评),可以尝试课间指导,学生主持作文讲评课。在备课过程中,学生不仅对作文的审题立意和写作构思更清晰,更提升了对作文写作的信心,从而实现写作兴趣、写作能力的提升。

(三)集精成萃

现代教育评价有显著特点:它是以促进学生发展和达到教育教学目标为中心的评价;不仅重视总结性评价,还重视形成性评价[2]。写作教学必须充分利用形成性评价和总结性评价。

在每一次写作指导课完成之后,学生要及时进行有针对性的写作训练,同时必须有及时的作文讲评;对于个别写作有困难的同学,必须予以"一对一单线指导","面批"是最佳的一种方式;在每学期结束之际,要集精成萃,将每学期的优秀作文制作成"作文集",使学生在写作道路上的成果得以保存,更有效地助力"写作教学"。

总之,写作教学这条漫漫长路值得我们所有师生去探寻,尊重和把握中学生心理发展的特点,将有助于推进中学生写作教学,提升学生的语文学科综合素养。

参考文献

[1] 夸美纽斯.大教学论[M].傅任敢,译.北京:人民教育出版社,1984:1.
[2] 王道俊,王汉澜.教育学[M].北京:人民教育出版社,1999:292.

玩转新花样,助力新收获
——论如何推动网课下的课外阅读教学

武汉海淀外国语实验学校　　曾　磊

摘　要:庚子年的不普通不仅在于我们举全国之力抗击新冠肺炎,更在于所有学生一生中最难忘的一段网课学习时间。不论是在个人的成长中,还是在中学语文教学中,阅读都占有举足轻重的地位。隔着屏幕远不如在校期间便利,作为普通一线教师,我们只能挖掘一切"不利因素"下的各种"有利条件"去激发学生的课外阅读兴趣,提升学生的语文素养。

关键词:课外阅读　时事　视频　学生备课

从非功利性因素来看,阅读是穷尽一生都需要践行的事情;从功利性因素来分析,武汉市的中考实为"阅读大餐",从词语填空到大小阅读,再到后面的作文审题,实际上都与阅读息息相关。

在为初三和中考做准备的特殊时期——初二下学期,我们的阅读不得不加强。恰逢疫情,繁多的电子文件会让学生产生视觉疲劳,加之部分"功利性"阅读习题的难解,"阅读"成了难点,"课外阅读"更是难上加难。从辩证哲学的角度来讲,"祸福相依",网课期间,尽管电子产品带来了诸多不利,但我们也能从中找到某种契机,让"课外阅读"无时无刻不存在。

一、"大课"之余开"小课"

本学期之初,我们一直都是跟随区里听课,全区统一授课内容多为新授课,为普遍适应全区的学生,内容更多地来自课本内。在这种情况下,每天下午的答疑课上,我们的"阅读"就成了网课之初的"调剂品"。一般情况下,我们会以教辅资料上的阅读作为参考,更多的是选择与当天所学新授课内容相关的课外拓展。例如,学习到刘成章的《安塞腰鼓》时,我们及时补充一些"陕北民谣"和冰心先生的《观舞》,同样的散文文体用不同的文字表述了不同民族的艺术特色,学生对这一类文章比较感兴趣,为了更好地了解所读文章,课后也会有学生去阅读冰心先生和刘成章的其他文章,在一定程度上,以"小课"提高了学生的阅读兴趣。

二、在"时事"中感知阅读的魅力

网课期间,武汉的抗疫工作从艰难到平稳中不断收尾,同时涌现出一批又一批值得我们记住的英雄,"开明教育"公众号上连载了几期"疫情下的英雄人物",这些不仅可以当作作文素材,更是学生们课外阅读的好材料(通俗易懂)。每一期都从"人、情、事、物、理"五个类别对时鲜素材进行梳理,从心理上,让学生更能感知"我们的幸福源自英雄的负重前行",更能珍惜此刻安静坐着上课的不易,从内容上,更贴近学生的生活,让学生更容易感受到"平凡人的不普通",逐渐学会细心观察生活,热爱生活。

正是因为网课的便利,我们才得以不错过每一期(周)的精彩内容,学生开始关注每次课前或课堂上给大家转发的"课外阅读"链接。

三、"课前乐视频"促阅读

在网课开始不到两周的时候,我发现学生疲于应对网课,故在每次上课之前使用了很多小妙招来提升学生上课的积极性,根据学生们"刷抖音""刷视频"的喜好,选择了《百家讲坛》、《中国诗词大会》、《庄子》(动画片)、"秋雨书院"(App)中的"余秋雨先生主讲中国文化"等方式在课前几分钟进行"阅读植入"。

如学习《庄子二则》的时候,学生很难理解庄子"无为而治"的思想,更难以理解其在妻子死后"鼓盆而歌"的怪异行为,通过课前四分钟观看《庄子》(动画片),学生很快就被吸引到"庄子思想"中,进而在无形中积累了"语文素养"。

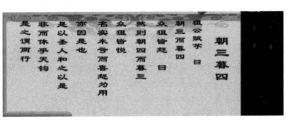

一次偶然的机会,我发现余秋雨先生在公众号上讲授"传统文化专题",带着学生听了一期"唐朝文化人格的地标——颜真卿"后,学生们了解的书法家不再局限于王羲之。此后,学生还去搜寻了一些关于"余秋雨"的作品,由此而引出同在古典文学方面研究甚深的"鲍鹏山"先生的作品,并积极推广给全班同学。

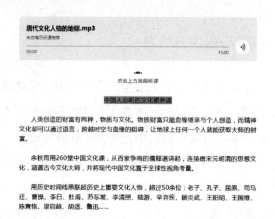

四、从"屏幕之中"跳跃到"屏幕之外"——学生备课、授课

试行过多种"新方法"之后,在第二轮网课的后期,偶然一次让学生主备"作文讲评课",发现学生受益远甚于老师的讲评课,深受启发,开始着手让学生主备阅读专题课。

(一)拟定主备对象

一个班级里,不是所有学生都偏好阅读,更不是所有学生都擅长使用计算机。故在最初选定备课的对象时,参考三个因素:平日喜欢读书(并且喜好纸质版书籍),制作课件技法娴熟,家长喜好阅读并大力支持该活动。经过三轮筛选后,选择了来自书香家庭的小肖同学。

受课前小视频的影响,大家对鲍鹏山在《百家讲坛》讲"诸子百家"很感兴趣,但由于时间有限,每一次我们都只能浅尝辄止,学生们听得意犹未尽,恰逢小肖去年在校期间一直在读鲍鹏山先生的文章,于是以此为契机,让小肖选定了"鲍鹏山专题阅读"。

(二)给"瓢"一个"葫芦"

俗语说,"依葫芦画瓢"是做成所有事情的基础,在阅读备课上也不例外。让学生主备"阅读专题"并不是说老师可以"纯粹放养",老师在学生主备的前两周就要开始渗入"专题阅读"模式。

于是在3月初,我们就开始每周做一期作家专题阅读,从龙应台到梁衡、冯骥才、李汉荣,大多数学生开始适应这种作家专题模式,再利用课余时间指导小肖同学根据所学内容制作导学案和课件,最后整堂课下来,用小肖同学自己的话来说,"我把鲍鹏山先生的一本书看了三遍,只选择了三篇文章,但是他的文字风格已经深深烙印在我的脑海中了"……

相信这种收获远甚于老师带着他去读几遍鲍鹏山先生的文章。

> 阅读课·鲍鹏山
>
> | 课型 | 阅读课 | 主备 | 肖■ | 班级 | | 姓名 | |
> |---|---|---|---|---|---|---|---|
>
> 简介：
>
> 1981年9月至1985年7月就读于安徽师范大学中文系，毕业后申请支边，至青海教育学院（现青海师范大学）中文系任教，在青海师范大学任教17年。现为上海开放大学（原上海电视大学）教授，青海师范大学硕士研究生导师 上海交通大学兼职教授，中国孔子基金会学术委员会委员等。
>
> 央视《百家讲坛》、上海电视台《东方大讲坛》、上海教育电视台《世纪大讲坛》、山东教育卫视《新杏坛》等栏目的主讲嘉宾。
>
> 主要从事中国古代文学、古代文化的教学与研究.全国多家杂志的专栏作者，作品被选入多种文集及人民教育出版社的全国统编高中语文教材。

（三）有"放"有"收"

把课堂完全交给学生，那么老师就彻底无用可寻。在这样的阅读课上，我们要充分相信学生，给学生一个完整的课堂，但并不是完全放任课堂，在学生讲解完之后，我们及时的点评尤为重要。点评的内容较少选择补充，更多的是肯定和鼓励，并且在课程结束之后，要及时反馈到学生群和家长群，让更多的学生不怕"阅读障碍"，让更多的家长成为坚实可靠的后盾，大力支持学生们主动阅读并及时将阅读所获以一种"高标准"的样式分享给同学们。

五、结语

疫情期间，课外阅读教学要将"电子产品无限诱惑"的利刃变成温柔的"棉花糖"，充分利用"电子产品"可给阅读教学带来的一切便利，把这些"花样"应用于教学中，相信所有的学生都会受益匪浅。

九年级数学课
——线上教学如何打造高效课堂

武汉海淀外国语实验学校　　石阳阳

一、线上教学的背景

2020年1月23日武汉封城,当时武汉是疫情最严重的地区。为了打赢这场没有硝烟的战争,每一位武汉人都开始了"宅"在家里的生活。为了认真落实教育部下发的"停课不停学"的指示,本校精心安排了线上教学。

对于即将中考的初三年级,面对突如其来的疫情,不管是学生还是老师都倍感压力!因此,九年级数学备课组对线上课程分别做了长期教学计划和短期教学计划。本人也积极响应学校号召,开始线上教育教学工作,打造高效课堂。

二、九年级实施高效课堂的必要性

① 学生面临的毕业现状:2019年武汉市共有6.98万初中毕业生参加初升高考试,比上年增加5 200人,普通高中招生计划约3.92万人,即超过一半的学生将无法上高中。而数学满分为120分,在中考中占据着重要地位。在疫情期间,更加需要实施高效课堂。

② 学生面临的实际现状:有的学生没有带足资料和课本,有的学生随父母回家乡过年,甚至没有计算机、手机,更不用说打印机,这种情况加剧了学生们学习的压力和困难。家长和学生对高效的数学课堂有了更加迫切的需求。

③ 学生面临的学习现状:自律性较强的学生需要数学老师给出高效课堂的计划和安排,才能制订自己的学习计划。自律性稍差的学生更加需要老师和家长的督促,对高效课堂的需求更大。

三、线上教学的实施过程

鉴于初三数学高效课堂的必要性,我代表九年级数学备课组(由3人构成),跟大家分享一下我们的经验。

1. 课前的课程安排

(1) 实行分层次教学

为了更好地让学生提升在线学习的效率,对学生实行了分层次教学。

(2) 定时制订计划

我们就从每周五制订计划说起,数学备课组开会总结这一周教学中出现的问题和经验亮点,并微调分层次教学的计划。

科目:数学	课程安排:直播CCtalk	晚自习安排(作业微信打卡、直播CCtalk讲解)
2020/2/17(周一)	10:15—11:00数学 内容:重点强化专题1-2:反比例函数的图像和性质 数学分层:A层:导学案+对应延伸专题(直播上课) B层导学案(基础训练+中档题)(直播课程) 作业布置:《勤学早》p10-12页	19:10—19:50 作业讲解: 《勤学早》p10-12页:反比例函数的意义作业 数学分层:A层《勤学早》专题练习 B层《勤学早》练习(基础训练+中档题)
2020/2/18(周二)	9:15—10:00数学 内容:重点强化专题3-4:反比例函数的图像和性质 数学分层:A层:导学案+对应延伸专题(直播上课) B层导学案(基础训练+中档题)(直播课程) 作业布置:《勤学早》p13-14页	19:10—19:50 作业讲解: 《勤学早》p13-14页:反比例函数的图像和性质2的作业 数学分层:A层《勤学早》专题练习 B层《勤学早》练习(基础训练+中档题)
2020/2/19(周三)	10:15—11:00数学 内容:难点突破专题1-2:反比例数形结合 数学分层:A层:导学案+对应延伸专题(直播上课) B层导学案(基础训练+中档题)(直播课程) 作业布置:《勤学早》p15-16页	19:10—19:50 作业讲解: 《勤学早》p15-16页:反比例函数的图像和性质2的作业 数学分层:A层《勤学早》专题练习 B层《勤学早》练习(基础训练+中档题)
2020/2/20(周四)	11:15—12:00数学 内容:难点突破专题3-4:反比例数形结合 数学分层:A层:导学案+对应延伸专题(直播上课) B层导学案(基础训练+中档题)(直播课程) 作业布置:《勤学早》p17-18页	19:10—19:50 作业讲解: 《勤学早》p17l-8页:实际问题与反比例函数(一)作业 数学分层:A层《勤学早》专题练习 B层《勤学早》练习(基础训练+中档题)
2020/2/21(周五)	8:15—9:00数学 内容:难点强化专题1-2:反比例数形平移、对称 数学分层:A层:导学案+对应延伸专题(直播上课) B层导学案(基础训练+中档题)(直播课程) 作业布置:《勤学早》p19-20页	19:10—19:50 作业讲解: 《勤学早》p19-20页:实际问题与反比例函数(一)作业 数学分层:A层《勤学早》专题练习 B层《勤学早》练习(基础训练+中档题)

九年级数学组备课会议记录(第五周)(石阳阳)

一. 各班答疑及培优补弱模式
1. AB两个层次的计划实施过程中遇到的问题
1) 需要及时调整B层次中孩子遇到的反比例的计算和图形问题
2) A层次中反比例函数图形,乘积相等K值需要再补充

2. 制定分层教学的计划
1) 年级前10名的孩子的作业分成重点是:反比例函数中的中考综合题目的训练
2) B层次中的基础训练

二. 周测(全年级)
下周测试卷的出题和批改的计划实施:问卷星出试卷

三. 课后的落实
1) 常规课堂迟到或缺勤孩子的沟通
2) 作业反馈中优秀作业的继续表扬,有问题作业的跟踪记录

(3) 精心准备课程

合理安排新知识讲授、习题课巩固、试卷讲评。

新知识讲授的课件：

名称	修改日期	类型	大小
反比例函数的图象和性质1	2020/2/9 17:26	PPTX 演示文稿	1,023 KB
反比例函数的图像和性质2	2020/2/8 23:56	PPTX 演示文稿	1,024 KB
反比例函数的意义	2020/2/9 20:44	PPTX 演示文稿	958 KB
实际问题与反比例函数（二）	2020/2/8 23:56	PPTX 演示文稿	1,006 KB
实际问题与反比例函数（一）	2020/2/12 21:10	PPTX 演示文稿	1,020 KB

习题课的安排：

名称	修改日期	类型	大小
勤学早1-2	2020/2/8 23:50	PPTX 演示文稿	990 KB
勤学早5-6	2020/2/8 23:51	PPTX 演示文稿	1,000 KB
勤学早7-8	2020/2/8 23:52	PPTX 演示文稿	1,079 KB
勤学早9-10	2020/2/8 23:50	PPTX 演示文稿	1,090 KB
勤学早P3-4	2020/2/8 23:51	PPTX 演示文稿	1,016 KB
勤学早P19-22	2020/2/14 9:57	PPTX 演示文稿	6,226 KB
投影与视图	2020/2/17 19:50	PPTX 演示文稿	984 KB

试卷检测课程安排：每周末做小测试，便于掌握孩子的学习情况。

一轮复习专题课程安排：

> 教学文件 › 2020年春季资料整理 › 2020年春九年级 电子版资料 › 九年级数学网上课程资料 › 九年级数学网上课程资料

名称	修改日期	类型	大小
1.实数	2020/2/24 14:11	PPTX 演示文稿	563 KB
2.整式的运算与因式分解	2020/2/24 14:20	PPTX 演示文稿	579 KB
3.分式	2020/2/24 14:40	PPTX 演示文稿	547 KB
4.方程（组）及其解法	2020/2/24 14:46	PPTX 演示文稿	508 KB
5.一元二次方程	2020/2/24 14:54	PPTX 演示文稿	519 KB
6.不等式（组）的解法及其应用	2020/2/24 15:05	PPTX 演示文稿	558 KB
7.方程组的应用	2020/2/24 19:30	PPTX 演示文稿	552 KB
8.平面直角坐标系与函数	2020/2/24 15:47	PPTX 演示文稿	637 KB
9.一次函数及其图像（1）	2020/2/24 16:01	PPTX 演示文稿	650 KB
10.一次函数的实际应用（2）	2020/2/24 16:14	PPTX 演示文稿	905 KB
11.反比例函数及图象	2020/2/24 18:45	PPTX 演示文稿	629 KB
12.反比例函数与实际问题	2020/2/24 18:55	PPTX 演示文稿	698 KB
13.二次函数的性质与图象	2020/2/24 19:07	PPTX 演示文稿	639 KB
14.二次函数解析式的求法	2020/2/26 14:33	PPTX 演示文稿	536 KB
15.二次函数的实际应用	2020/2/26 14:33	PPTX 演示文稿	537 KB
16（1）三角形	2020/2/26 14:41	PPTX 演示文稿	596 KB
16（2）轴对称与等腰三角形	2020/2/26 17:25	PPTX 演示文稿	564 KB

2. 课中的课程落实

利用CCtalk给学生上课（并建立作为备选方案的QQ直播群，以应对紧急情况，而不至于影响课程进度），便于互动和课后知识的回放。可利用CCtalk中的功能，课前增强趣味性，课中增强互动性，课后便于学生对知识的随时巩固。

（1）课前签到

直播课前，会让孩子们进行课前签到，在家长群中让家长提醒孩子们及时上线，确保孩子们上线学习的准时性。

(2) 课前增强趣味性

方法：①课前对于作业优秀的孩子可以增加点歌服务；②和孩子们玩脑筋急转弯；③可以请活跃的孩子清唱一段。

(3) 课中增强互动性

方法：①常规的随机点名：目的是检测孩子对课堂的注意力，遇到注意力不集中的孩子，课后要及时了解情况，多加关注。②学生自己随机点名：目的是时刻抓住所有孩子的注意力。③点名上麦互动。④要求上不了麦的孩子在群里互动。

3. 课后的作业落实

（1）利用 QQ 群布置作业

目的：让学生熟悉备选上课方案，以防止出现紧急情况而影响课程进度。

（2）第一时间批改作业

目的：利用 QQ 群中的作业功能，在老师批改后，作业反馈信息会在第一时间发到学生和家长那里，让学生第一时间了解作业情况。

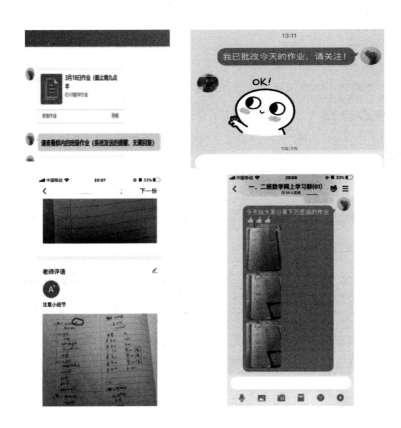

（3）家长群每日及时反馈

目的：为了让家长对孩子有一个宏观的认识和及时的了解，每天都会做出一张清晰的学习反馈表，发到家长群里。

名称	修改日期	类型
0308课堂反馈	2020/3/8 21:03	XLSX 工作表
0309课堂反馈	2020/3/10 8:54	XLSX 工作表
0310课堂反馈	2020/3/11 9:36	XLSX 工作表
0311课堂反馈	2020/3/12 11:38	XLSX 工作表
0312课堂反馈	2020/3/12 17:08	XLSX 工作表
0313课堂反馈	2020/3/13 16:53	XLSX 工作表

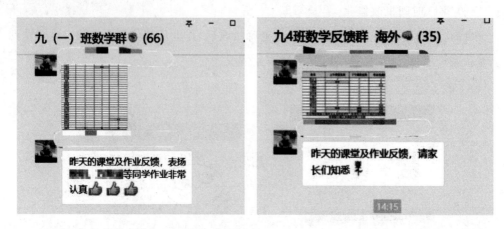

(4) 针对出现的问题一定要及时沟通

目的：针对作业、反馈中出现的缺勤、迟到、作业未完成、作业等级较低等问题，会在当天第一时间和家长沟通情况，并问清楚原因，督促孩子改进，以更好地帮助孩子适应初三数学线上课程。

4. 更加细致的分层作业布置

针对有能力、对题目要求较高的孩子，额外建立一个群，每日布置一题或者两题。操作：中午发题，晚上发讲解视频。

5. 更加细致的教学沟通

为了及时了解孩子对线上学习的反馈,更有效地提升孩子的学习适应性,定时制作"无记名问卷星",收集孩子对课堂改进的意见和建议。

四、启发与反思

线上课堂的实施需要我们在实际教学中不断摸索和学习,在反思中改进和完善。线上课堂使老师对孩子的监督力度严重下降,因此,家长的沟通反馈、孩子课后的落实到位依然是后期工作的重点。我们会继续努力,为孩子撑起一片湛蓝的天空,期待武汉的春暖花开。

站在抗疫后战场上的英雄

武汉海淀外国语实验学校　　吴国涛

教育不是三尺讲台,教育应该是一方天地。

在这次全国无声地启动重大突发公共卫生事件一级响应的时候,我们看到了全国各地支援武汉的"逆行者",看到了日夜坚守岗位的白衣天使,看到了苦口婆心劝勉安慰封管人群而不能顾及家人的相关工作人员,看到了后来为解决居民生活挺身而出的广大志愿者,在此向你们致以我崇高的敬意。同时,在这场战役的背后,全国大约1 700万的教师面临着数以亿计的学生,通过网络为封控下的亿万家庭注入了新鲜的活动,为社会的安全稳定做出了应有的贡献。我校一线教师在中学部校长的领导下,摸索和学习网络直播授课,积极落实"停课不停学"。下面就九年级教师团队的直播实践做一场简短的回放。

一、疫情就是命令,开启上班模式

问题背景: 2020年1月16日我校正式放寒假。2020年1月23日凌晨,睡眼蒙眬中接到学校分管校长的电话:①摸清部门内所有教师目前所在地、离开武汉具体时间、目前身体健康状况,进行每日健康打卡;②安排班主任统计学生家庭情况及家庭健康状况,并在家长群中进行每日健康打卡接龙。2020年1月23日10:00,武汉市正式启动重大突发公共卫生事件一级响应,武汉正式封城管理。所有老师、所有家长在打卡中度过了第一个封闭的、不串门的春节。这时候,微信每天的信息量特别大,家长接龙的周期随着时间的推移越来越长,积极性变得越来越差。这时候,老师们的手机也被大量的信息刷得内存满满,怎么解决隔着屏幕的统计问题呢?

解决方案: 于是,问卷星的调查功能被我们顺势挖掘,我们开始使用问卷星收集老师和学生家庭的健康状况,一个新鲜的工具出现在人们面前,但是家长们很明显快速地适应了。最终,我们利用问卷星的这一项简单的功能,彻底解决了"刷屏"问题,解决了手机内存问题。

二、教育云、空中课堂、直播平台正式走上历史舞台

问题背景: 2020年1月23日,湖北省中小学确定延期开学。2020年1月28日

(正月初四),武汉市在线教学实施方案下发。九年级作为毕业年级,要求区级同步,迅速建立教育云账号,搭建空中课堂平台,在1月30日和2月2日进行两次学生流量服务器压力测试,2月3日(正月初十),九年级正式开始实施"停课不停学",区级同步线上直播课堂。在2月2日的直播课堂测试中,区级5 000多名学生和教师同在一间"教室",直播课程无法实施,最终采用录播回放的模式,在2月3日正式实施"停课不停学"的教育方案,那么作为实施精英化教育的私立学校,怎样更好地组织云上课堂,更好地解决我校学生的学习问题呢?

解决方案: 我校作为一所私立学校,家长对于学校和教师的要求会更多。九年级教师团队在校长的号召下,一方面让学生学习区教育局的教学课程,另一方面在准备自己的直播课程。所有九年级的老师摇身一变成为"直播大咖",学生们突然看到亲切的自己的老师,兴奋异常。我们进行了寻找直播平台、摸索直播平台、测试对比直播平台以及整合直播平台等各种各样的历练。一切从零开始,虽然我们有过微课录制大赛,但我们从未想过有一天站上的不是三尺讲台,而是云端讲台。经过多方测试,好多平台离我们越来越远,如UMU,它最终就奔向了它的VIP用户。

直播平台	优劣势分析
QQ直播	优势:方便、快捷,每个学生都可以使用,支持纯语音直播、屏幕分享直播、视频直播。屏幕分享直播体验最好,与学生互动比较方便,有全员静音模式。劣势:不能录播,分享屏幕时,在屏幕上的所有操作学生都可以看到。以班级为单位的课程在视频直播的时候会出现卡顿
CCtalk	需要下载软件,有三种模式可供选择:极速模式、普通模式和高清模式。优势:极速模式支持PPT,支持选择题形式的现场课前测,制作课前测时需要一些方法和技巧,但使用非常方便,可设置答案自动批阅,支持全程录播,可以回放,支持音乐播放软件直接播放音乐,流量消耗非常低。劣势:普通模式流量消耗极高,对计算机配置的要求也比较高,会出现延迟和卡顿。高清模式是收费的
空中课堂	优势:教育云推荐的直播平台,对于班级学生容量来说,直播效果非常不错,可以分享屏幕以及使用计算机上的所有资源。它可以后台导出每个用户什么时间加入课堂,什么时间退出课堂,在课堂上待了多长时间的详细数据,可作为家校沟通的很好的材料。支持录制和回放,不需要下载软件,教师建立课堂时会生成相应的课堂链接,学生点击链接就可以进入课堂。劣势:刚入门的时候需要认真学习和摸索,整个武汉市的学生都在使用,不确定会不会出现BUG
腾讯课堂	优势:腾讯课堂和空中课堂非常接近,它的优势在于使用的学生数量比空中课堂的要少些,而且可以直接以QQ作为依托,可视为QQ直播的改进版本,补充了录制和回放功能,在教师使用的过程中,更新了后台下载查看学生出勤情况的功能

通过各种综合评价,考虑家长的使用指数(刚开始的时候,让家长下载了很多App),不至于让学生在各个平台上手忙脚乱地切换,最后基本确定两个平台,一个平台正常使用,一个平台作为备选方案。在大环境的驱使下,各个直播平台经历着洗礼,很多自然淘汰,也有很多平台在我们学习使用的时候,随着我们的使用需求进行不断

的升级和改进。

三、测试是教师的法宝,是检测学生的手段

问题背景:按照正常的教育教学秩序,在每年的3月,区级教育教研室会组织各学校月考。教研室组织命制试题,印刷试卷,分发到各校,学校安排考场,教师监考、阅卷。这一经历数年的流程在特殊的情况下也发生了改变。学生要进行线上考试,老师给学生发电子试卷,学生在空白纸上答题后,拍照上传到线上平台。这种形式吸引了老师和学生的关注,但最后试卷批改出来后,发现有很多学生线上学习后学业水平的提升太快,还有学生直接从搜题软件上截图上传答案,让改卷的老师啼笑皆非。那么能不能找到一种具有针对性、更加便捷的云端考试方法呢?

解决方案:针对我们要求的摸索学生学习的真实情况,我们在测试上尝试了很多的方法。腾讯文档可实时共享,在线答题,在线保存,但它仅适用于文科的阅读版块,对其他版块和科目并不适用。最后,我们发现在问卷星电脑端能够很好地处理试卷,支持学生拍照上传,也支持教师在线批改,并且减少了和阅卷平台服务后台沟通的环节,可以直接使用。另外,为了防止学生作弊,可对选择题设置随机选项,一旦学生切换界面,再返回时,选项的顺序会发生改变。另外一种特别的设置就是,仅设置一次答题的机会,一旦学生离开界面,抱歉,答题将不会保存,自动提交。但其弊端在于学生万一不小心退出或者因网络问题退出,也无法完整完成答题。这种方式的麻烦之处在于老师在编辑题目的时候需要花费大量的时间。刚开始的时候,一个人制作试卷时只能一个人收集信息。在慢慢地摸索和试探之后,我们也可以把自己制作的问卷星试卷复制给其他老师使用,大大提升了试卷在不同班级中使用的效率。这样一些小小的方法和技巧,通过老师们的摸索,有效地控制了测试过程中学生抄袭的现象,大大提升了工作效率。

四、严肃考纪,端正考风,审慎读题,认真答卷

问题背景:网络给现代生活带来了便捷,也给侥幸的心理、懒惰的思想提供了无限放大的机会。透过平时作业的批改、课堂检测的检验、课后答疑的互动讨论,就会发现很多的问题。作业优秀的学生在第二天的课堂上面对同样的非常简单的问题时,却回答不出最基本的知识点。甚至我们在编辑题目时用字母代替了具体的数值,却在检测的过程中发现,学生完全没有发现设置好的"陷阱",直接利用搜题软件,把具体的数值一同写进了自己的答案,可见这是连题目都没有读过的学生。那么有没有办法解决学生诚信考试的问题呢?

解决方案:若把这样的问题交给家长去处理,实际上家长会显得比老师更加吃力,

和家长沟通的过程中,他们吐槽的比我们说的要多得多,最后没等老师说什么,家长就会急不可耐地问:老师,到底什么时候开学啊,有没有消息啊?这个时候家庭教育突显出非常明显的优势,亲子关系和谐的家庭在线上课堂收获丰硕。为了解决监考问题,我们也进行了多方测试和筛选,最后利用"腾讯会议"来进行监考,我们称之为"云上监考"。教师端建立相应的会议室,发链接给学生,学生可以选择通过微信小程序快捷加入,然后将摄像头对准自己,调整好角度,固定手机,这样监考老师就可以看到学生的答题情况了。这种方式能够比较真实地得到学生的测试成绩,也能够让家长更加安心。

五、全新的教育方式,产生全新的问题

在云上直播课的实际课堂生成中,实际上出现了很多我们从未碰到的问题,老师们在不断学习、不断探索、相互交流中运用了很多教学方案和教学手段,如班级小助手、课堂助理、点兵点将、PPT 随机点名、视频上线等。

六、教室不能相见,相望在云端

问题背景:教育是丰富的、复杂的,它要建立在人际交往的模型上,完成一些特定的或者随机产生的社会活动,场景对于孩子的教育也有着至关重要的作用和意义。这些都是云上教育所无法取代的,也正是云上教育所缺失的、无法弥补的。

解决方案:我们利用"云开学""云班会""云家长会""云中考动员令"来弥补和冲淡些许云上教育的缺失。

(一) 2 月 10 日"云开学"

各位家长朋友们,孩子们,你们好!今天我们正式开学啦!我们这一次的开学典礼一定是无与伦比的,会成为我们一生永恒的记忆,我们要尽量做到忘记伤痛,留下美好的记忆。因为我们的身边有自己至亲挚爱的人陪伴,有你们亲爱的老师陪伴,有线上课堂的陪伴,这个困顿的寒假、这个寒冷的冬天才不显得那么压抑。

我们相信:在春暖花开之时,我们就会走上校园的樱花大道看美丽的樱花,我们会奔跑在橡胶操场上踢足球,我们会坐在教室里一起讨论数学题,我们会做本该在一起做的很多事情。虽然现在我们无法改变现实,但请同学们向前看,前方的光明离我们越来越近,我们追求幸福健康的信念会越来越强烈。

同学们,疫情面前,我们的正式开学和线上学习就是为家庭、为学校、为国家、为社会做出的极大贡献,相信我们众志成城,共战疫情,一定会很快走上校园美丽的樱花大道!谢谢各位!

(二) 2月16日"云班会"

2月16日九(3)班班会课

主题:逆行者

① 观看新闻报道视频:伟大的逆行者。

② 班主任开场:本该是我们相聚的日子,我们遇到一些困难,但我们是幸运的,很多人和我们一起共同克服困难,向前迈进。……看完视频,我们应该有着相同的感受,要感谢这些逆行的人,他们是我们民族的英雄,是我们武汉的英雄。接下来,同学们谈谈这段时间你身边的英雄形象或者你看到的英雄形象。

③ 学生发言:……

④ 值日班长总结:以前我们放假的时候,除了写作业就是玩游戏。这个寒假让我们感受很多,很惊讶,很无奈,我们才知道伟大的英雄离我们很近很近,就在我们身边……

(三) "云家长会"的邀请函

各位亲爱的家长们:

道阻且长,行则必至。在这段艰难岁月里,我们每个人都是战斗的英雄,相信很快我们就能相见相聚在暖暖的春风里。……线上开学已经一个月了,特邀您和孩子一起参加本周五(3月6日 16:20—17:00)的线上家长会,为孩子们的学习蓄力。具体开会平台班主任会另行通知,谢谢。

(四) "云中考动员令"

尊敬的家长朋友们,老师们,亲爱的同学们,大家晚上好!

今天我们相聚在一起,是为了激励我们每一个孩子前行。

同学们,我同你们一样,2018年的秋天踏进这座美丽的校园,在学校的日子,我们朝夕相处,共同拼搏,不只是为了你们即将面临的人生第一个战场——中考,也是为了你们前行的道路。

近年来,习近平总书记反复阐述过一个重大判断——"当今世界正经历百年未有之大变局"。面对疫情,武汉市面临挑战,中国面临挑战,世界面临挑战,而你们正是我们国家的未来,所以这份挑战是每一位学子必须面对的。我相信,同学们在经历了1月23日武汉按下暂停键到4月8日武汉逐步重启的这段时间后所积累的丰硕的经验,会帮助你们成功地应对所面临的挑战。

当然,中考是挑战中的第一道关卡,我们一定要咬紧牙关冲过这一道关卡。在这里,老师希望同学们带着以下几把"尚方宝剑",过五关斩六将。

第一把:勇气之剑。学习之路是不平凡的,充满艰辛,所以要携带勇气之剑,攻克一道道难题,夺取一分又一分。

第二把:热情之剑。身边总会有一些事情不尽如人意,或影响我们的心情,或增加我们的烦恼,所以要携带热情之剑,心向阳光,所向披靡。

第三把:专注之剑。中考的脚步声我们已经听在耳中,所以要携带专注之剑,斩向焦躁,挥向手机游戏,专注于最后的复习。

第四把:目标之剑。中考之后,同学们将站在不同的分岔口,所以要携带目标之剑,直击目标之线。

同学们,在你们面临挑战、冲击中考关卡的关键时刻,九年级全体老师将会陪同你们一起战斗。加油吧,少年! 年少不努力,中年多出力,老来不得力。谢谢大家!

总结:非常高兴的是,在这个不平凡的 2020 年,我们并没有害怕和担心什么,我们所有老师都具备解决一切困难和问题的态度和勇气,我们不断地获得全新技能,解锁全新的宝箱,在这场抗击疫情的战役中,献出我们微薄的一份力量。此外,这段特殊时期的教育工作或许能为一种全新的教育模式和教育格局开启思路和奠定基础,给我们更多的观察和思考的空间。

数列的概念与简单表示(教学设计)

武汉海淀外国语实验学校　　何玉林

一、教学目标

① 理解数列的概念,探索并掌握数列的几种简单表示方法。
② 理解数列顺序性,认识数列是刻画自然规律的数学模型,了解数列是一种特殊函数,知道数列的几种分类。
③ 通过观察、归纳等方法,能找出数列的规律,写出数列的通项公式。

二、教学重难点

① 教学重点:数列的概念及数列的几种简单表示方法。
② 教学难点:发现数列的规律,找出数列可能的通项公式。

三、学生分析

高一的学生对数列的知识已经有初步的认识和接触,已经具备通过观察抽象总结规律的能力,对函数、方程思想也有了一定的认识,具备了一定的理性分析能力和概括能力。部分学生基础相对薄弱,自觉学习能力较差,学生的认知、辨析能力都不太成熟,疫情期间的网课上,教师很难与学生进行必要的情感交流。不过数列容易理解,因此在教学中应该充分发挥学生的主动性,问题的提出、分析、总结、运用都由学生独立完成。

四、教学内容分析

通过大量实例引入数列的概念,数列可以看作定义在正整数集或其有限子集上的函数,是一类离散函数,是刻画离散过程的重要数学模型。同时,数列问题在日常生活中有大量应用,如存款利息、购房贷款等与人们生活关系密切的问题,人们解决许多实际问题时也需要有关数列的知识,数学就在我们身边。

五、教学手段和方法

教学手段：导学案，问题诱导法，合作学习。
方法指导：
① 认真阅读教材32～33页的内容，体会数列概念的形成过程，并从中知道数列是一种特殊函数，运用类比思想明确数列的不同分类。
② 认真阅读教材中的例1、例2，学会用类比思想及函数思想体会数列的不同表示方法，并能运用归纳思想处理由特殊到一般的有关问题（由已知数列的前有限项写出它的通项公式）。

六、教学过程

（一）创设情境，实例引入

① 数学故事：澳大利亚跟兔子进行了近百年的"战争"，差点被兔子灭国。托马斯·奥斯汀是英格兰一家农场的农场主，他在1859年来到了澳大利亚开辟新的农场，这一次他的行李中携带了24只欧洲兔子，还有5只野兔和72只鹌鹑，也就是这些行李给澳大利亚带来了近百年的人与兔子的"战争"。托马斯·奥斯汀的新农场位于澳大利亚的季隆，很快兔子就在当地泛滥成灾，随后开始蔓延到澳洲其他地方，仅经过10年的时间澳洲东部就遍地是兔子，到了1926年，整个澳洲都是兔子，粗略估计数量已经超过100亿只，而当时全世界的人口数量还不到60亿。由兔子的繁殖引入数学中著名的斐波那契数列：1,1,2,3,5,8,13,21,…。
设计意图：以一个有趣的数学故事吸引学生的注意力，让学生体会到数学来源于生活，应用于生活，数学是有用的。
② 传说中古希腊毕达哥拉斯学派数学家研究的问题：三角形数和正方形数。
设计意图：通过研究教材中的实例，让学生体会到数列概念的形成过程，也为后面的新知识学习做好铺垫。

（二）讲授新课

知识点一：数列概念的理解

问题1 三角形数（见课本）。图2.1-1中的三角形分别代表哪些数？这些数有什么规律？与其表示的三角形序号是什么关系？

问题2 正方形数（见课本）。图2.1-2中的正方形分别代表哪些数？这些数有什么规律？与其表示的正方形序号是什么关系？

问题3 上述三角形数、正方形数的共同特点是什么？

问题4 ① 数列的概念：按照____排列的_____称为数列，数列中的_____叫作这个数列的项，排在____的数称为这个数列的首项。

② 数列的分类：按_____可分为有穷数列和无穷数列。按项与项之间的大小关系，可分为_____、_____、_____、_____。

设计意图：以问题链的形式让学生置身于概念的发生以及发展过程中，使其经历直观感知、观察发现、抽象概括的思维过程。

> **知识点二**：数列与函数

问题1 数列中的数和它的序号是什么关系？哪个是自变量？哪个是因变量？你能联想到学过的哪些相关内容？

问题2 数列是一种特殊函数，它特殊在何处？它可否和函数一样有不同的表示方法？

① 其特殊表现在_____，从而在直角坐标系下它的图像是_____。

② 数列的表示方法有：_____；_____；_____。

其中：若数列$\{a_n\}$的第n项a_n与序号n之间的关系可用一个式子来表示，则称这个式子为数列的_____。

设计意图：抓住数列蕴含着两变量关系的本质，以问题的形式由学生自己归纳数列是一种特殊的函数，这样不仅可以对函数概念进行回顾，也可以使学生进一步理解数列"有序"这个特点，体会由特殊到一般的数学思想。

> **知识点三**：通项公式的运用

例1 写出数列的一个通项公式，使得它的前几项是下列各数。

① $1, 3, 5, 7, 9, \cdots$；
② $-1, 1, -1, 1, \cdots$；
③ $-1, 2, -4, 8, \cdots$；
④ $0, 1, 0, 1, 0, \cdots$；
⑤ $\sqrt{3}, 3, \sqrt{15}, \sqrt{21}, 3, \cdots$。

设计意图：使学生进一步体会数列与函数概念之间的关系，了解数列中的项与对应序号之间的函数关系，特别是④这个数列的通项可以写成多种形式，让学生了解到数列的通项公式并不是唯一的，也并不是所有数列都有通项公式。

例2 已知数列$\{a_n\}$的通项公式为$a_n = 3n^2 - 28n$：

① 写出数列的第4项和第6项；

② -49是否是该数列的项？如果是，是哪一项？

设计意图：使学生进一步体会数列与函数概念之间的关系，加深学生对数列概念的认识。

（三）当堂检测

略。

（四）课堂小结

略。

（五）教学反思

数列作为一类特殊的离散函数，不仅是刻画离散过程的重要数学模型，也是反映自然规律的基本数学模型。本节课的教学始终围绕"数列作为一种特殊的函数"展开，以函数的视角处理数列问题，注重概念的自然生成过程。疫情下数学网络教学对教师提出了更高的要求，如何吸引学生共同参与教学活动是数学教学面临的最大问题。网课无法通过学生的身体语言、面部表情来推断学生是否掌握了知识，如何把学生纳入自己的视野、吸引学生的注意力是关键问题。因此，在教学中，通过导学案导学，把导学案提前发给学生，让他们做好课前预习；在直播互动中，增加学生上课的仪式感，把每一个知识点设计成一个个问题，并结合随机选人，让学生连麦回答问题，及时表扬那些问题回答得比较好的学生，并在课堂上展示学生的优秀作业，让每个学生都能得到关注。课后，通过微信或 QQ 与学生交流答疑，使用 QQ 群的作业功能布置作业。

盈科而后进，放乎四海
——网络教学如何营造真实高效课堂

武汉海淀外国语实验学校　　陈小妹

孟子曰："源泉混混，不舍昼夜，盈科而后进，放乎四海。有本源者如是，是之取尔，苟为无本，七八月之间雨集，沟浍皆盈，其涸也，也立而待也。故声闻过情，君子耻之。"

一、网络教学的背景

新型冠状病毒来势汹汹，为了更好地应对疫情，国务院办公厅发布了关于延长2020年春节假期的通知，明确指出：各地大专院校、中小学、幼儿园推迟开学，具体时间由教育部门另行通知。为认真贯彻习近平总书记坚决打赢疫情防控阻击战的精神和教育部下发的"停课不停学"的指示，身在当时疫情最严重的地区，武汉海淀外国语实验学校精心安排了网络教学。作为一名九年级英语教师，本人也积极响应学校号召，开展了真实高效的线上教育教学工作。

二、毕业年级实施真实高效课堂的必要性

教学活动：在教学活动中，施教者（教师）按照一定的教学原则，通过恰当的教学方法和教学内容，对受教者进行客观性知识传授、技能锻炼、智慧启迪、正确的价值实现引导和积极情感体验激发。教学活动形式多样，在教育实践中，主要的教学活动形式有讲授式、谈话式、研讨式、实践活动式、竞赛式、自由学习式。而为了达到我们的教学目的，实现教学内容，我们必须要选择以学生为主体的教学活动形式。任何一堂课都是一种教学活动的反映，必须建立在基础科学的理论基础之上。

毕业生现状：面对武汉市超过50%的强制分流（即超过一半的学生将无法上高中）的现状，九年级作为毕业年级，不管是学生还是老师都倍感压力！因此，九年级的教学主要是围绕文化课展开的，并没有太多的趣味活动，如配音、唱歌等。如何既提高学生学习兴趣，提升学生综合语言能力，又保证中考考点落实，成了毕业年级老师的首要思考问题。

疫情下的家庭现状：为了更好地控制疫情，整个湖北省甚至全中国实施了封城行

动,社会上普遍存在几种现状。首先,由于疫情爆发正值春节期间,居家成员较复杂,很多家庭无法保证安静和谐的学习环境,甚至班上有几个孩子跟我说"老师,我放假回老家了,什么都没有带,现在连做笔记、写题目的本子和中性笔都快用光了";其次,有很多父母需要参与到各种一线工作中,如医生、警察、紧急制造业从业者、志愿者,缺乏对孩子的约束和监督;再次,对于孩子长期形成的坏习惯,父母没有办法在短时间内纠正;最后,也是不可忽略的一点,面对现阶段的知识难度,很多家长已经没有办法在知识上帮助孩子。以上所有都会导致"不是不想管,是真的管不了"的社会现象普遍存在。那么身为一线教师,减轻家长的压力,减少家长与学生之间因学习而产生的摩擦,承担起有效的知识传授的职责也变得尤为重要。

疫情下的学生现状: 2020年的寒假很特殊,大量的"假期时光"让很多孩子沉迷于手机游戏、小说、电视剧等之中无法自拔。即使在响应教育部的"停课不停学"之后,很多孩子一时半会儿也戒不掉占用自己大量时间的"兴趣"。所以,网络教学可能会沦为孩子偷着玩游戏、看小说、追剧的正当理由。同时,我们不得不考虑的是,太多的学生放寒假时并未携带全部课本、辅导资料和足够的学习用具等回家,如何避免这些现象对教学产生太大的阻碍,如何抓住学生的注意力,确保学生认真听课,就成了各位老师要解决的问题。

综上所述,在疫情突然且持续时间较久的环境下,实施真实高效课堂迫在眉睫,是中考给学生、给家长、给学校、给老师交出满意答卷的必经之路。在此,我代表武汉海淀外国语实验学校九年级英语备课组(由2人构成),跟大家分享一下我们的经验。

三、网络教学的实施过程

在尝试和对比了多个上课平台之后,九年级英语选择了QQ直播平台中的"屏幕分享"进行教学,同时辅以录屏软件来录制课程和需要的视频。那么接下来,我们就来看看一节真实高效的课堂是如何呈现的。

第一,每周五制订下周教学计划。 在每周五,我们会经过详细的讨论做出慎重的选择,制订下周的工作计划,细化到上课平台、上课时间、上课内容、作业布置等一系列的信息。

教学计划会在周五同时发到QQ英语直播群和家长群,通过这一教学环节,不仅可以让学生清楚自己的学习任务,明确每一个阶段的学习重心,不至于"云里雾里",时刻保持清晰的认识,也可以让家长弄清楚下个阶段的学习进度,清楚该在什么时间段督促孩子做什么事。所以,制订教学计划并将其告知家长和学生,是应该走在正式课堂之前的不可或缺的事情。

日期	星期	上课时间	上课内容	作业	答疑时间	
3月16号	一	8:15--8:55	介词连词专题	介词连词专项训练 组合训练（五）	14:00--14:35 15:35--16:10	9（3）班 9（2）班
3月17号	二	10:00--10:40	形容词副词专题	adj/adv专项训练 组合训练（六）	14:00--14:35 15:35--16:10	9（3）班 9（2）班
3月18号	三	11:10--11:50	动词时态	动词时态专项训练 组合训练（七）	14:00--14:35 15:35--16:10	9（3）班 9（2）班
3月19号	四	无	无	情态动词专项训练 动词专项训练（新）	14:00--14:35 15:35--16:10	9（3）班 9（2）班
3月20号	五	10:00--10:40	动词语态	动词语态和非谓语 动词专项训练；整理错题	14:00--14:35 15:35--16:10	9（3）班 9（2）班
3月21号	六			动词短语专项训练；组合训练（八）		
3月22号	日			培优作业见培优群		

第二，精心全面的课程准备。 现阶段是中考二轮复习阶段，以专题讲解为主。我们需要对武汉市中考考点进行梳理，制作相应专题的 PPT，并选择好下午答疑课的课前测内容。

3月16号 作业 组合训练（五）《勤学早》解析版	2020/3/13 13:28	WPS PDF 文档	5,029 KB
3月16号 作业 组合训练（五）《勤学早》	2020/3/12 13:08	WPS PDF 文档	4,931 KB
3月16号 作业 介词连词专项《新动力》	2020/3/6 21:11	WPS PDF 文档	17,430 KB
3月16号 作业 介词连词专项《新动力》解析版	2020/3/10 12:23	WPS PDF 文档	24,627 KB
介词 课前测	2020/3/13 12:28	DOC 文档	29 KB
介词	2015/5/11 10:34	PPT 演示文稿	592 KB
连词	2015/5/14 8:40	PPT 演示文稿	1,437 KB
连词 课前测	2020/3/13 12:36	DOC 文档	30 KB

一节优质的课必须做好充足的准备。利用课前测，不仅可以对先前学过的内容进行巩固复习，也可以摸清学生对于本专题的掌握程度，以在教学中做着重讲解，还可以让学生尽快进入学习状态，针对性和时效性都非常好！制作 PPT 是为了使自己的课程更加直观地展现在学生面前。现阶段，学生用眼较多，我们尽量把展示的内容都设置成护眼模式，为学生的视力保驾护航。

第三，重视课后落实。 提前一天准备好要布置的作业，作业选择必须坚持的原则是：与所学内容息息相关，注重基础；必须考虑学生综合语篇能力的提升。因此，在作业选择上必须要考虑周全。学生提交作业之后，我们需要在线批改，并根据学生的完成情况收集错题，在讲解作业时重点讲解错题。为了使学生有更加清晰明确的知识点记忆，我们会制作好每一天作业的 Word 解析版和视频解析版，供学生反复观看，认真做笔记！

例如，当我在讲解 Unit 14 课堂作业 Section B 时，里面涉及很多熟词生义，难度有些大，我预测单纯的课堂线上答疑不可能让学生在短时间之内吸收这种难度较大的知识点，所以，我提前用红色标记对课堂作业进行了 Word 版知识点解析。制作作业解析是为了把抽象的知识转化为学生可视可记的材料，使抽象化的内容具体化。可是，

真题在线答案：BCDAB　CDCDB　CCCBA

( )1. —Dad, what is the loudspeaker saying? A.顾客 B.乘客（因为后面是flight航班）
　　—It is to the _____. The flight to Wuhan is boarding now.
　　A. customers　　B. passengers　　C. members　　D. tourists
( )2. —Anna, how does the dress look on me? to be honest = to tell you the truth 说实话，老实说
　　—To tell you the _____, it doesn't fit you well. look good on sb 某人穿上去很好看
　　A. trade　　B. trust　　C. truth　　D. treat
( )3. US scientist Edward T. Hall said that in a conversation between two people, 65% of _____ is done through body language. 应用：申请
　　A. application　　B. pronunciation　　C. introduction　　D. communication
( )4. —I'm not sure what to write about *The Secret Garden* in the report. a book review 读后感
　　—You should read some _____ about the book before writing.
　　A. reviews　　B. reasons　　C. results　　D. rewards
( )5. —Keep quiet! I need complete _____ when I'm working.
　　—Sorry, Dad. I won't make any noise again. A. trust 信任 B.安静 C.控制 D.力量
　　A. trust　　B. silence　　C. control　　D. strength

3月7号作业 Unit 14课堂作业综合检测 阅读，首填

3月7号作业 Unit14课堂作业综合检测 解析版

3月9号作业 勤学早组合训练—

3月9号作业 新动力 名词专题

一节课下来，很多基础不那么好的学生就云里雾里，对于解析上没有的单词或者句子，还会存在疑难点，且无法在短时间内记住老师所说的内容。所以，我又在课后录制了视频版解析，这样就更加详细，这类学生通过反复观看就能够听懂、掌握了！视频解析可以把知识点转化为学生可反复观看和记忆的材料，使抽象的知识转化为图像和语音相结合的具体化的东西。这样可以更好更全面地照顾中等生和后进生，避免学生产生过大的心理负担，再者，可以让学生明白"老师为学生真的花费了很多心思，自己还有什么理由不努力"，激发学生学习的主动性。

第四，实时互动，检测效果。每节英语直播课上，我们会跟学生实时连麦互动，确保学生在线且认真听讲。课后会就所讲知识点检查学生笔记，并进行整理、点评。

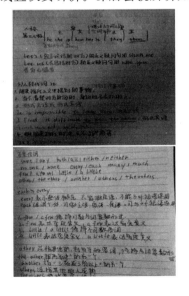

随机点名回答问题和课后抽查笔记是目前保证课堂学生专注度最有效的方法。通过实时连麦互动,不仅可以使学生产生紧张感,激发学习动力,保持专注度,也可以使学生通过回答问题来找到存在感和自豪感。而笔记抽查、笔记朗读与此类似,在提高学生听讲效率的同时,也可以培养学生快速做笔记的能力,全面调动学生视、听、说、写方面的能力。例如,在讲解九年级 Unit 14 2d 回忆过去的初中生活时,我会随机点学生跟大家分享令自己记忆深刻的事情,会随机点 2 名学生对 2d 文本进行对话练习。文本学习结束之后,我会对此文本进行为时 1 分钟的简单总结回顾,给学生时间去记重难知识点,然后,立马点学生来回答问题。通常,为了照顾各个层面的学生,我点到的学生面会比较广,根据所反馈的情况来看,这种人人参与的课堂效果是非常好的!即使是基础比较薄弱的学生,基础知识也是清楚的,笔记做得也很好。还有一次,通过随机点名,我发现一位已经签到且平时学习非常刻苦的学生没有任何反应,我立刻通过手机微信跟家长沟通,结果发现孩子睡着了,好在及时发现,孩子立马又进入学习状态。综上所述,线上教学必须实时互动,这是营造真实高效课堂的关键所在!

　　第五,每周进行在线英语周测,实时了解学生掌握情况,适当调整授课。

　　周测作为检查学生某一阶段学习效果的手段,发挥着非常重要的作用。一方面,周测可以让学生认清自己的定位,知道自己的优势和劣势题型,再据此来查漏补缺,取长补短,并由此激发积极主动性,增强学习动力。另一方面,周测可以让老师了解学生某一阶段对知识的掌握情况,根据学生得分和丢分较多的题型和知识点,对自己的教学进行及时有效的调整。

　　第六,对于学有余力的学生,我们专门建立了培优群,满足这类学生的需求,进行有针对性的培补,并进行在线评分。

```
名称                              修改日期
📄 3月14号 周末作业讲解            2020/3/17 15:03
📄 3月14号 培优作业 解析版         2020/3/12 21:23
🔊 3月14号 培优作业 听力           2017/5/1 16:21
📄 3月14号 培优作业                2020/3/11 14:10
```

34. —You seem not to agree with Bob.
　　—Right. His plan will _____ the company from creating new jobs.
　　A. protect　　B. provide　　C. prevent　　D. produce
解析:prevent ...from doing 阻止某人做某事(他的计划会使公司无法产生新的工作岗位)

35. —Could I call you by the first name? 　　—Yes, you _____.
　　A. will　　B. should　　C. may　　D. Might

36. —I hear you've had a few new football players.
　　—Yes. But one or two had no strict _____ until they joined our club.
　　A. practice　　B. training(训练)　　C. education　　D. exercise

37. Children don't _____ their set of baby teeth until they are two to three years old.
　　A. complete　　B. grow　　C. manage　　D. afford
解析:一般小孩几个月就开始长牙,两三岁时乳牙就长好了。
　　manage to do sth 设法成功的做某事
　　can't afford to do sth 无法支付做某事;抽不出时间做某事

38. —What will you do?
　　—I will ask them to spare me a few minutes so that I can _____ all the problems.
　　A. put up　　B. give out 分发;用完;耗尽　　C. go over 仔细浏览　　D. turn down

对一些学有余力的学生来说,在难度和广度上进行综合能力的提升是非常有必要的。此举目的十分明确:培养"尖子生"。所谓的"尖子生",有一些是学习天赋使然,但是还有很多学生是靠自己不停地练习与总结反思,形成了良好的学习习惯。那么现阶段,这种培优不仅可以让学生激发学习主动性,也可以让学生切切实实地学到很多比课堂上所讲更难、更灵活的知识。

第七,适当穿插特色作业,丰富作业形式。

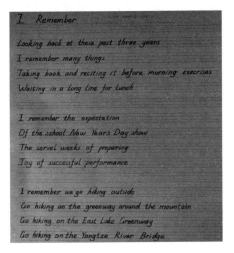 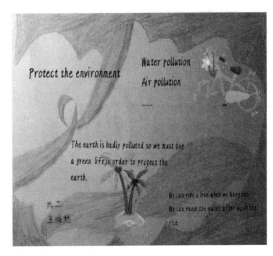

为了适当调节学生的英语学习,营造一个更加轻松的环境,激发学生对英语学习的兴趣,我们根据课本中的相关内容开展了"保护环境"小报制作以及"怀念初中生活"诗歌大比拼等特色活动。

第八,进行线上家长会,与家长和学生随时保持联系和沟通。

 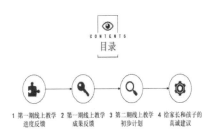

在3月第1周时,更改了作息时间,很多学生无法适应,在第一节英语课时无法准时签到,就此我紧急召开了家长会,对这种现象进行了说明并提出了一些建议。通过家长会能够实现学校和家庭的互动,让家长了解学生在课堂上的表现,同时让老师知道孩子在家的表现,从而和谐学校和家庭对孩子的教育,让孩子更优秀、更阳光、更出色。学校和家庭应该联合起来,针对孩子的特点进行教育,仅靠一方是不够的,只有学校教育和家庭教育结合起来,孩子才能更优秀、更健康地成长。

四、启发与反思

"源泉混混,不舍昼夜,盈科而后进,放乎四海。"源头里的泉水滚滚涌出,日夜不停,注满洼坑后继续前进,最后流入大海。我个人认为:教与学就是这源源不断的泉水,日夜不停地进行着。而这些洼坑就是我们教学工作中的各种障碍,譬如此时因疫情无法返校正常授课,我们不要太急躁地去赶一个又一个的教学环节,需得踏踏实实地把这些困难克服,最终一定会取得成功!相反,如果我们急功近利,或者说以完成教学任务为目的,那么短时间内效果可能很明显,但是,不注重落实,最终只能像七八月间的雨水那样,下得很集中,大小沟渠都积满了水,但它们的干涸却只要很短的时间,最终学生会一无所获。所以,网络教学切不可流于表面,流于程序,需得一步一个脚印,一步步营造真实、高效的课堂,使学生和老师获益。

语法教学让英语学习如虎添翼
——浅谈中学阶段英语语法教学

武汉海淀外国语实验学校　　侯　维

教育部根据学生成长的规律及社会对人才的需求,把对学生德智体美全面发展的要求进行了细化,从而研究制定出各学段学生发展的核心素养体系。在英语学科中,核心素养主要体现在语言的综合运用能力,细化为语言能力、学习能力、思维品质和文化品格。但长期以来的英语教学,尤其是在应试教育较为突出的中部地区,往往由于过于注重语法知识的讲授,而忽略了对学生语言运用能力的培养。因此,笔者认为有必要进一步思考语法教学的方式,使它能真正为培养和提高学生语言运用能力而服务。

一、语法在英语教学中的地位

英语语法是针对英语语言进行研究后,系统地总结归纳出来的一系列语言规则。英语语法的精髓在于掌握语言的使用。懂得如何正确使用语法,有助于语言理解的正确性和表达的准确性,减少英语使用中的盲目性。由此可见,语法是英语教学中不可或缺的重要部分。

二、现有英语语法教学的不足

受应试教育影响深远的今天,教师过分关注语法规律的传授,以知识的不同语法专有名词的呈现和不同句型结构的背诵,加之大量的练习巩固为语法授课的主要模式。很多学生可能甚至在毕业之后也无法准确地理解语法中那些语法专有名词的真正含义。对于语法规则的死记硬背更限制了学生对英语语言综合运用能力的发展。

三、语法在英语教学中的改进

(一) 转换语法教学课堂模式

由课堂为教师主导的"一言堂"转化为学生的"learn by doing"模式,即学生在学习过程中通过小组合作、小组讨论以及向他人讲授从而获得知识的学习模式。学习金字塔模型就很好地印证了这一点。此模型是美国缅因州国家训练实验室的研究成果,它用数字形式形象地告知了我们:不同的学习方式下的不同的学习内容平均留存率。

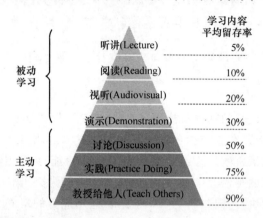

由此可见,在塔尖的第一种学习方式——"听讲",也就是"老师在上面说,学生在下面听"这种我们最熟悉、最常用的方式,学习效果却是最差的,两周以后学到的内容只能留存5%。通过"阅读"方式学到的内容可以留存10%。通过"视听"方式学到的内容可以留存20%。通过"演示"方式学到的内容可以留存30%。通过"讨论"方式学到的内容可以留存50%。通过"实践"("做中学"或"实际演练")方式学到的内容可以留存75%。在金字塔基座位置的学习方式是"教授给他人"(或者"马上应用"),通过这种方式学到的内容可以留存90%。由此理论可以看出,在语法教学中,我们应该转换教学思路,让学生化被动学习为主动学习,使知识得以更好地被吸收和内化。

(二)运用发现式教学法

发现式教学法指教师在学生学习概念和原理时,不是将学习内容直接提供给学生,而是向学生提供一种问题情境,给学生一些事实(例)和问题,让学生积极思考,独立探究,自行发现并掌握相应的原理和结论的一种方法。

发现式教学法的基本教学过程与基于问题学习的教学模式相似,可以概括为以下五个阶段。第一阶段:创设问题的情境,使学生在这种情境中产生矛盾,提出要求解决或必须解决的问题。第二阶段:促使学生利用教师所提供的某些材料和所提出的问题,提出解答的假设。第三阶段:从理论上或实践上检验自己的假设。第四阶段:根据实验获得的一定材料或结果,在仔细评价的基础上得出结论。第五阶段(反思与评价):为了帮助学生提炼所学到的东西,教师要有意地鼓励学生反思解决问题的过程,帮助学生概括和理解新知识的应用情境。

我们知道,任何语法规律的总结都来源于语言文本。在转换教学思想的前提下,老师可以向学生提供大量符合同一语法规则的例句文本,且为了更好地保证学习效果,例句可大多来源于课本,进而让学生通过小组合作的模式,探寻例句中蕴含的语法规则,在此过程中,老师只起到启发、引导和点拨的作用。以宾语从句的教授为例,我们可先向学生提供如下例句:

He told me **that he would go to the college the next year.**
I don't know **if there will be a bus any more.**
Nobody knew **whether he could pass the exam.**
……

随后教师可引导学生思考讨论加粗部分的意义、以上例句的相同点和不同点等具有启发性的问题,最后引导学生总结出宾语从句的从属连词主要有 that,if,whether。that 引导表示陈述的宾语从句,而 if 和 whether 引导表示"是否"的宾语从句。规律的总结以小组为单位在班级进行阐述和展示,老师只作补充。

(三)创设情境,英语在用

情境教学法是指在教学过程中,教师有目的地引入或创设具有一定感情色彩的、以形象为主体的生动具体的场景,以引起学生一定的体验兴趣,从而帮助学生理解教材,并使学生的心理机能得到发展的教学方法。情境教学法的核心在于激发学生的情感。

在语法教学中,学生通过小组合作总结出基本语法规则后,老师通过创设一定的情境,让学生在情境中进行口语操练,不断重复使用总结出来的规则,进一步内化规则,在运用中忘却规则,真正内化知识。具体可采取活动法、图式法、情境对话法等方式。以状语从句的操练为例,可以接龙的方式进行巩固操练。如 A 学生说"If it doesn't rain tomorrow, we will have a school trip",B 学生则接"If we have a school trip tomorrow, we will bring something to eat",以此类推。在这种语法操练活动中,较为枯燥的练习变得趣味横生,且实现了听说的训练、口语的表达,注重了学生英语综合运用能力的提升。

(四)加强阅读和写作,让知识落地

有了规则的掌握和听说的练习,为了使学生的听说读写四项技能全面发展,需要进一步辅以相关知识点的大量英文文本阅读和写作练习。

还是以宾语从句的教授为例,我们可以提供所含从句的叙事性、故事性强且有趣味性的文本,供学生阅读,使学生在阅读的过程中进一步感知从句的用法。有了一定量读的输入之后,再加以写的输出,给学生创设情境,让学生进行篇章的仿写,或给学生提供一些固定句式,让学生进行篇章的翻译,使其更有针对性地将所学知识落到笔头。由此,最终让学生从听说读写四个方面真正地将相关的知识吸收和内化,扎实落地,让语法在练的过程中深入骨髓,从而让学生忘却死板的规则,运用自如。

综上所述,为了进一步在英语教学中体现英语学科的核心素养,培养学生的语言综合运用能力,所有教师应该重视语法在英语教学中的地位,同时转换固有的教育教学模式,使英语教学变得更有趣味性和实用性,让教师和学生、学生和学生在共同探讨、自主讲授和规律总结中不断学习、不断进步,从而真正地实现"英语在用"!

巧用"小妙招"，收获线上高效课堂

武汉海淀外国语实验学校　　侯　维

新冠肺炎的爆发给所有的老师和学生带来了"超长版寒假"和别样的上课体验，一根根网线连接着一个个生动活泼的课堂。在响应教育部"停课不停学"的号召下，老师们群策群力，精心备课，希望尽可能还原校园里课堂本来的样子。但课堂形式的转变、网络互动的不确定性使得我们在线上教学中遇到了很多前所未有的问题：

老师："某同学，请你来回答一下这个问题。"

学生："老师，我刚刚卡了，您刚刚的问题是什么？"

老师："某同学，那请你来回答。"

学生："老师，我没有麦。"

老师："某同学，你昨天的作业没有提交。"

学生："老师，我没有看到作业在哪儿。"

……

相信这样的对话我们并不陌生，它们在我们的课堂上时有发生，它们是一个个线上教学课堂的缩影。那么我们怎样才能将学生从"卡顿、没麦、忘记作业"等种种问题中"拯救"出来呢？接下来，我将分享在线上教学阶段我所用到的"小妙招"。

一、把选择权给学生，让学生感受尊重和爱

倘若没有尊重的底线，一切事物都会崩塌。这一条对所有年龄段的孩子都适用。在正值青春期的孩子们眼里，自己已然是小大人了，他们有自己懵懂的价值观，他们需要被尊重、被平等对待。因此，以尊重为前提，用平等的方式沟通，把选择权给学生，让学生感受尊重和爱是非常重要的。

案例支撑：

本着以上原则，在选定授课平台之前，我和学生进行了一次交流，跟学生讲述了上课的具体实施方案，沟通了在线授课的目的，阐述了我们即将面临的问题。这一次的交流更像是一次朋友间的对话或讨论，不仅一下子拉近了我和学生之间的距离，更让学生充分感受到老师与自己的立场是一致的，我们在一起努力，共克时艰。

与此同时，我将平台的选择权交给了学生，在考虑绝大多数学生操作方便的前提

下,给学生提供了几个可选用的平台,让学生投票选择上课平台。这样一来,不仅让学生感受到被尊重,也规避了在后期上课中遇到平台硬件方面的问题时,孩子们可能会有的抱怨。最终,我们选定了 QQ 屏幕分享作为在线授课的主要平台。

二、提前告知规划,我们一起打有准备的仗

老师的授课计划和安排在网课期间就是学生学习的指挥棒和指南针,细化的授课安排、作业布置、授课地点能让学生提前做好相关的学习准备,进入最佳的学习状态,也能帮助学生和老师一起打好有准备的仗。

案例支撑:

每周五,我和陈小妹老师都会就下周的学习任务进行讨论,并会在月计划的指导下制订详细的周学习计划,其中包括上课时间、上课内容、作业内容等,让学生做到对下一周的学习内容心中有数,确保学生可以精准地知道每一节课上课的内容、上课的时间,不出差错,另外,学生也无法再找借口,因不清楚作业而偷懒。

与此同时,每周我也会将相关计划发至家长群,一方面,让家长了解我们目前的学习进度和大致计划,清楚老师的每一步安排,另一方面,也通过这样的方式寻求家长的合力,一起来监督孩子的学习。

3月16号---3月20号(含早晚自习)

时间	上午线上授课	14:00-14:35线上答疑	晚自习作业
3月16号(周一)	8:15-8:55海外英语学习群直播 内容:介词连词专题	答疑内容:周末作业	1.《新动力》介词连词专项训练 2.《勤学早》组合训练5
3月17号(周二)	10:00-10:40海外英语学习群直播 内容:形容词副词专题	答疑内容:周一作业	1.《新动力》形容词副词专项训练 2.《勤学早》组合训练6
3月18号(周三)	11:10-11:50海外英语学习群直播 内容:动词时态	答疑内容:周二作业	1.《新动力》动词时态专项训练 2.《勤学早》组合训练7
3月19号(周四)	无	答疑内容:周三作业	1.《新动力》情态动词专项训练 2.《新动力》动词专项训练
3月20号(周五)	10:00-10:40海外英语学习群直播 内容:动词语态	答疑内容:周四作业+试卷基本解析	1.《新动力》动词语态和非谓语动词专项训练 2.本周作业错题集及笔记整理

周末作业:
1.《勤学早》组合训练8
2.《新动力》短语动词专项训练

三、课堂预热很重要

长时间在电脑前伏案学习,枯燥无味的知识点不时地从电脑扬声器中传出,公式、句型结构、文言文知识点在耳畔回响,此起彼伏,如果我是学生,这样的课堂并不让我期待。

课堂预热不仅可以激发学生对这堂课的兴趣,还可以让学生提前进入课堂,在愉悦轻松的氛围下做好课前准备。感兴趣的音乐,与课堂有关的视频,哪怕是同班同学特色作业的展示,我想都会让学生对课堂更感兴趣。

案例支撑:

初三毕业年级中考的压力其实不小,尤其是在网络授课看不见学生的情况下,一方面我担心学生知识点的疏漏,教学进度的延迟,另一方面我又担心课堂的枯燥无味无法吸引学生。因此,权衡再三,我决定在课前加入音乐点播、学生表演的形式,一方面学生们互相分享自己觉得好听的歌曲,拉近了彼此之间的距离,另一方面也增加了学生对课堂的期待。随着网课的推进,渐渐地,我也在课前加入了视频播放和一些互动性的小游戏。在与同组老师交流之后,我也进一步学习到,学生特色作业的展示、趣配音的视频都可以用于课堂预热。有了课堂预热,学生可以带着高涨的情绪进入课堂,课堂互动更顺畅,课堂效率也更高。

四、等一等,其实学生很优秀

在有限的时间里进行知识点的传授,我们总是被无形的教学进度牵制着。我们害怕在短短的40分钟内无法将所有知识点传授给学生,我们总是等不及学生的思考,就转而点下一个学生来回答,有时语气中甚至透露着一丝丝不耐烦。或许,慢下来,等一等,我们会有意想不到的收获。

案例支撑:

在线授课期间,我会尽量避免教学进度对我无形的影响。我有意地放慢语速,保证所有学生都能听清问题,或在提问后适时地点一个学生阐述我所提出的问题,一方面,可以检测学生是否在认真听讲,另一方面,也给了其他学生更多思考的时间。

此外,我会在学生不能及时回答问题时给予适当的引导和帮助。例如,在A同学不能及时回答问题的时候,给予一定的相关知识点的提示,或者先点B同学回答该问题,在后续又一次出现该知识点的时候,再让A同学回答,有了B同学的示范,A同学应该能很轻松地回答问题且能找回自信。与此同时,我会适当地给予A同学表扬:"A同学能举一反三很不错哦!"我相信,这样一来二去,相关知识点一定能在A同学心中扎根落地。同时,这样也能使得在线课堂的交互性更强,在三言两语的鼓励中,学生也能感受到老师的耐心和尊重。

五、课后交流拉近距离

在线教学少了校园里的朝夕相处,老师的陪伴以另一种形式呈现。课上是严肃的老师,课下也可以是分担烦恼的朋友。针对学生的在线学习情况、学习状态,和学生朋友般地闲聊或许可以帮助老师进一步走近学生,同时反作用于在线教学,也可以帮助学生调整到最好的状态。

案例支撑:

随着网络教学的开展,学生的状态不可能一如既往保持得很好,总会出现上课溜号、作业提交不及时、周测成绩不理想的情况。基于学生的懈怠情绪,我开始在每节课后坚持找一名学生聊天,和他们聊一聊最近的生活状态、最近的兴趣爱好,或者先表扬前段时间他们的进步,再从侧面点出学生需要提升的地方。

以九一班的刘同学为例,这个孩子属于勤奋但不聪明的类型,学习方法欠佳,且有段时间学习不投入,在几次听写和周测不理想的情况下,我找了一个合适的时机和她聊了聊:

我:这段时间的网课作业提交很及时,很棒哦!

刘:确实是按时在提交,可是正确率不高,这次周测也没有考得很理想。

我:那你有分析原因吗?在我心里,你应该考到比这个分数高很多的分数哦~

刘:可能是前段时间的学习状态不好,没有百分之百投入。

我:你很棒啊,已经及时找到问题啦,调整自己,在每个时间段把每个时间段该做的事情做好。

其实我和她对话的目的就是想点出她自己说的问题,但在对话的开始,我以表扬入手,让学生愿意继续和自己交谈下去,站在平等的角度给学生建议,且表达老师对她的信任。在这样的沟通之后,我收到的是她从字迹都可以看出来的比之前认真的笔记,正确率提高的作业以及课堂上更多的互动,更拉近了我们之间的距离,并使学生收获了自信。

六、勤记录,用数据说话

每日学习情况反馈表是对学生当日课堂、作业、听写、订正、读书等各方面的一个综合记录,也是老师和学生及家长沟通时需要的最为客观的数据。每一次的记录都承载着学生学习的点滴,长远看来,也是对学生成长变化的记录。为了使家长更清晰地了解学生的学习状态,我们需要用数据说话,及时反馈,帮助学生及时调整。

案例支撑:

从网课开始的第一天,我每天坚持以分数量化学生各方面的表现,记录学生上课的出勤率,作业的完成情况,课堂笔记、听写、读书的情况等。同时坚持将记录表格每天总结一次,发布在家长群和学生群中,让学生了解自己在班级整体中的位置,让优秀的学生激励那些学习懈怠的学生,同时让家长了解自己孩子的学习状态,对于管控有困难的学生,及时寻求家长的帮助。在此过程中,不仅运用数据有力地提高了学生作业的完成率和正确率,也让家长进一步了解到了老师的付出和坚持,赢得了家长对老师工作的认可和肯定。

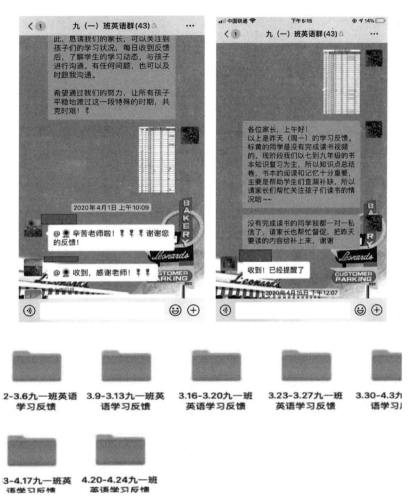

结语：线上教学对所有老师和学生来说都是新的挑战，我们在不断探索、不断研究中为学生努力构建生动的课堂，使得学生在这样的教学模式下"停课不停学"。在抗击疫情的非常时期，相信只要我们用心思考，巧用妙招，就一定能克服线上教学的种种困难，收获线上"高效"课堂。

教育＞教学
——记疫情期间网络教学的工作心得

武汉海淀外国语实验学校　　高　亮

在因新冠肺炎而全民居家隔离的特殊时期里,为了响应教育部"停课不停学"的号召,学校决定于 2 月 10 日正式开始网络教学。从此一根根神奇的网线穿越了空间,串起了一个个鲜活而有趣的教学瞬间!由于不确定在网络那端的学生们是否如期按时上课,有没有开小差,我们这些从未接触过网络直播的老师们开始了与学生们一轮又一轮的"侦查战"。为了确保教学活动的正常开展,保证这一特殊时期的教学效果,老师们必须时刻警醒并不遗余力地实践各种招数!接下来我将主要从三个方面讲述我的网络教学心得。

一、教学活动

1. 上课考勤点名

除了常规的课前点名,下课前再次确认出勤情况外,我在上课过程中还时不时点学生来回答问题,学生如果不能及时回答,或者说"麦有问题",我就会及时跟家长沟通确认是否属实。除此之外,我还会要求无法正确回答问题的学生点名找别的学生求助,如若都不能回答,就双扣分,计入考勤表,若"救火"的那个学生回答正确,就双倍加分!每次课上几乎都会花 5～10 分钟点学生读单词、读课文,这样能最大限度地使学生强化读单词、读课文的意识,通过不断地练习,巩固好英语基础!

2. 分角色连麦读课文

必修三课本 Unit 3 中的几篇 reading 文章都选自美国著名作家马克·吐温的《百万英镑》,讲述的故事比较有趣,各种角色的人物形象比较生动,而故事结局又存在一定的反转与戏剧性,作者借这个故事抨击了当时社会的金钱至上物质化的价值观。对于很多中学生而言,这个故事是有趣的,且具有一定的教育意义。因此,为了使学生更加了解故事的背景与细节,我在学习这个单元前就布置了周末观影的任务,且在后期的几次 reading 课上找了不同的几组学生进行分角色连麦课文阅读,整个分角色朗读的过程中学生们比较积极活跃,个别学生的表现更是出乎老师的意料,超越期待,大家都表现得非常精彩。学生们通过分角色连麦读课文,不仅更加积极专注地参与教学活动,也加深了对阅读材料的理解,对于某些角色的性格也有了一些自己的体会。

3. 学会利用网络教学资源

网络教学期间,老师可以借助于网络搜索查找各种教育视频、学科背景资料、英语直播课、一些特色课程等来优化我们的教学,使学生们了解各种各样的信息与课程类型,体会不同类型的英语课堂,与此同时,老师也可以吸收不同的教学信息,了解不同的教学活动,不断学习,以强化自己的教学能力。

二、课下活动

1. 特色作业的布置

网络教学期间,学生每天长时间面对着手机、平板电脑或者电脑上课,很容易疲倦,对于眼睛的健康也有一定的影响,因此,除了必要的书面练习之外,我还会根据人教版课本每个单元的内容设定布置一些特别的作业。例如,Unit 2 的主题是健康饮食,在这个单元中,学生们将学习到食物的三种分类、健康饮食的特点及意义,因此我布置了一项特殊的作业:利用家里可用的食材亲自制作一道健康的菜品,并使用英文将其制作过程记录并展示出来。我布置这个任务的目的有两个:一是贴合这个单元的主题,使学生对于健康饮食有更加深刻的认知;二是希望借此机会锻炼孩子们的生活能力!结果高一 39 位学生中有 26 位学生非常出色地完成了这项任务,还由此推出了一篇美篇文章推送。

金华炒米粉　　　　　　　　　　　煮饺子

再如,Unit 4 的主题是天文学,Unit 5 的主题是 Canada,这些都是高中课本中比较有代表性的主题,在大型考试的篇章阅读中也有相关内容的考查。因此,结合这些主题,我给学生们布置了一项特色作业:英文小报或者视频语音全英文介绍。以下是其中的一些优秀作品:

太空主题小报　　　　　　　　　　　　加拿大主题小报

英文介绍加拿大的旅游　　　　　　　英文介绍加拿大的美食及音乐

2. 视频听写单词

网络教学期间,老师真的很难在课堂上查证大部分学生的学习效果,所以我会利用课下的时间找个别学生进行沟通及检测。在3月份我开始通过1V1视频的方式找学生听写单词,来检查该学生在此学习期间的英语单词记忆情况。刚开始有的学生不愿意配合打开摄像头,但是随着这个视频听写活动的推进,以及我及时在家长微信群里不断发出的肯定与表扬,慢慢地越来越多的学生愿意配合了,整个阶段持续下来,被抽查到的学生在单词记忆上有所加强,无论是在记单词的主动性上还是在记单词的效果上。

3. 教学过程的记录

俗话说,"好记性不如烂笔头",跟学生们说了什么、学生们做了什么都要记录下来,这样才能确保可以随时查证,才能做到"有理有据",才能让学生明白什么是"铁证如山"。

普高一（1）班疫情期间空中课堂考勤作业登记表

周一 4.13			周二 4.14				周三 4.15				周四 4.16				周五 4.17				培优		特色作业	总体表现加分
考勤	上课	作业	考勤	早读	上课	作业	考勤	词汇测评	上课/笔记	作业	考勤	早读	上课	作业	考勤	早读	上课/笔记	作业	周二	周四		
√	A	√	√	√	A	√	√	3	5	√	√	√	A	√	√	√	5	√	2	2	5	25
√	B	√	√	√	A	√	√		2	√	√				√	√	3	√				8
√	A	√	√	√	A	√	√		5	√	√	√	A	√	√	√	5	√	2	2	5	24
√		√	√	√	B	√	√	1	2	√	√		A	√	√	√	5	√				10
√	A	√	√			√	√		2	√	√			√	√	√	3	√	2			11
√		√		√		√	√		5		√				√	√					2	3
√	B		√				√				√				√							-6
√		√	√	√	A						√				√							-5
√	A	√	√	√	A	√	√		5	√	√		A	√	√	√	5	√	2	2	5	22
√	A	√	√				迟到		2	√	√				√							-5
√		√	√	√	A	√	√		2	√	√				√	√		√	2		5	9
√		√	√			2	√		2	√	√			√	√						5	14
√	A	√	√	√		√	√		2	√	√			√	√	√		√				10
√							迟到				√				√							-6
√		√	√		A	√	√	3	2	√	√			√	√	√	5	√				20
√			√				√				√				迟到							-2
√	A	√	√				√				√				√							-2
√		√					√				√				√							-5
√		√	√	√	B	√	√	3	2	√	√			√	√	√		√	2	2		8
√	A	√	√	√		√	√			√	√			√	√	√		√			5	12

特别说明：标红的是未交作业的；A指的是上课回答问题及时且正确；B指的是回答问题不及时或不正确！
培优：参加者加两分，表现优异者5分。

三、家校沟通

1. 家长与学生间的黏合剂（亲子关系）

在这个特殊时期里，虽然我不是班主任，但是在跟一些家长沟通的过程中，我发现班上有的孩子在家待久了，会因为一些小问题而跟家长发生摩擦，甚至有可能愈演愈烈，形成激烈的争吵或发生肢体冲突，而性格稍内敛的孩子可能不会跟家长沟通，或者因为小事而跟家长长时间"冷战"。这时就需要老师来进行干预，跟双方进行有效的沟通，找出问题的关键，进而化解矛盾，缓和紧张的家庭气氛，构建和谐的学习环境。我认为，老师就是家长与学生之间的强力黏合剂。

具体案例：高一（2）班的某同学连续几次不交英语作业，于是我跟他单独进行了微信沟通，问他为什么没有交作业，是不是因为太难了。我原以为他不会回复我，或者不会那么迅速地回复我，没想到他很快就在微信上回复了我，说明了没有交作业是因为心情不好，总是被妈妈逼着学习，做这做那的，很烦闷，想离家出走，甚至产生了非常暴力的念头。这个时候我没有催他交作业，而是跟他聊天，问他妈妈具体管他什么了，妈妈说了什么话，他有没有惹妈妈不开心，等等，在他情绪慢慢缓和以后，我就告诉他，我作为一个妈妈，特别理解他妈妈的心情跟期望，每个妈妈都希望自己的孩子各方面都优秀,还跟他说世界上最包容他爱他的是妈妈之类的真心话,到这个时候他的气慢慢就消了,然后还说这些道理他也明白,可就是管不住自己的脾气,我就告诉他,如果真的很生气就不要直接面对妈妈,不要跟她起冲突,选择缓一缓,不要说气话,要学会换个角度看问题。可能就是这样的一些真诚的话语打动了他,后来几天他就没有顶撞他妈妈了,还会在微信上主动联系我,问当天的英语作业等相关学习问题!由于情况好转,几天过后,我跟他妈妈聊起了这件事情,告诉了她其中的一些细节,也跟她分享了自己的亲子观念以及和孩子沟通的小技巧等。他妈妈真诚地感谢了我,并表示后期不会再那么唠叨,实在控制不住自己脾气的话,就让孩子的爸爸跟他沟通,以免再次起冲突。我想在这次家庭冲突的缓和中,我应该也发挥了一定的作用!

2. 做学生的"同龄人"

我认为,老师除了要在课上教授学科知识外,还要利用自己的性格魅力激励学生,让学生认可你、佩服你,进而积极配合教学活动,努力提升学科成绩,最终爱上你所教授的那门学科。这才是一个好老师的最大影响力,也是每一个老师应该追求的目标与个人价值。因此我会在课下跟学生们聊天,时不时在他们的朋友圈下点赞评论,了解他们喜欢的东西,吸收最新的热点新闻及资讯,这样才能跟学生有共同话题,有深入了解学生的机会,才能赢得学生的信任,成为学生眼中的"同龄人",进而进一步走进学生内心,明白他们的喜怒哀乐,了解他们的过去与未来,最后才能使教学活动开展得更加顺利,达到理想的教学效果。

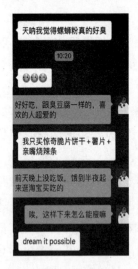
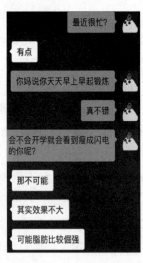

疫情期间的网课对所有传统型的老师来说,都是不小的挑战,唯有不断地学习各种知识,充分利用各种资源,认真完成每一项教学任务,真诚地与家长学生们沟通,才能真正做好教育,才能成为一个新时代的好老师!

异于传统课堂，"时空分离"之在线教学的探索

武汉海淀外国语实验学校　严　妍

2020年年初，新型冠状病毒感染的肺炎疫情毫无预兆地打乱了所有人的生活节奏，企业推迟复工，学校延期开学，人与人之间的物理隔离成为学习、工作和生活中的有效防护手段之一。教育部决定2020年春季延期开学，各地中小学利用网络教学"停课不停学"，并发布了《关于疫情防控期间以信息化支持教育教学工作的通知》，明确了改善网络支持条件、提升平台服务能力、汇聚社会各方资源、采取适宜教学方式、优化教育管理服务和强化网络安全保障的主要任务。

作为一名一线中学教师，我有义务更有责任积极响应号召，探索利用互联网开展在线教学。异于传统课堂，在线教学中，老师和学生"时空分离"，老师教的行为和学生学的行为可同步发生也可异步发生，换言之，自觉性强的学生可以实现同步，不影响教学效果，但自觉性不够强的学生大都是异步发展，甚至"无步"可行。这样的后果就是——教学的"教"的行为对"学"的行为并未起到促进作用。因此，我不断地探索各种方法，让"时空分离"的在线教学尽可能地"逼真"，以教促学，保证学生学习的效果。

一、专一和专注

在线教学使得老师和学生成为"网友"，我们需要依靠网络平台来开展教学活动。

案例一：

刚开始在线教学的一周里，无论是老师、学生还是家长都是手忙脚乱的，我时不时地就会收到家长的私信，"老师，群里信息太多了，我都糊涂了，孩子就更糊涂了，这可咋办"，"我家网络不稳定，这个App老是卡退，影响孩子上课怎么办"，"老师，我家真的没有多余的纸笔，上课怎么写笔记呀"，诸如此类的信息不胜枚举。在这期间，老师纠结于各种直播平台的选择，学生苦恼没有纸笔上课写作业，家长担心孩子的视力和学习状态。

分析及解决办法：

尽管家长和学生的问题铺天盖地，但老师必须保持冷静，确定一个方向，让在线教学有保障。于是七年级组的老师们在群里互相测试各个平台的使用功能（如屏幕分享是否清晰、作业布置是否能显示、学生回答问题开麦是否方便等），最后决定统一使用

腾讯 QQ 上课答疑。舍弃其他平台，专一使用一个可信赖的平台，方便教学，学生和家长也不会被众多的 App 弄得手足无措，坚持使用一个平台就好比长期专注于一件事，不会竹篮打水一场空。

结果：

两个月 QQ 平台的在线教学期间，老师上课非常顺畅，学生也熟悉了各种功能的使用，实现了双赢。

二、教与学的再度整合

在线教学具有灵活性，它不要求教师和学生同时到教室，在保证网络畅通的前提下，它可以使学生在任何地点学习，这次疫情使学生只能居家学习。

案例二：

每天下午上完答疑课后，都会有一些家长私信告诉我，"老师，他上课总走神，也不让我在旁边"，"她房门紧闭着，自己关在房间里，也不知道究竟在干什么"，"老师你多点她，她总是不愿开口读，还骗我说麦坏了"，"老师，你尽管督促他，我们做家长的一定配合您"。家长说的这些情况，我相信每一位老师都能感同身受，每当这些情况发生，我也很想回到讲台，这样至少不会觉得自己在演"独角戏"，听不到"观众"的任何声音。

分析及解决办法：

传统课堂上，老师在呈现教学内容的同时，可以看到学生的状态，学生也能够感受到老师，所以老师可以根据学生的反应和状态随时调节自己的教学行为，教与学契合得很好。但在线教学中就会出现教与学的不同步，有可能教的行为只是部分地促进了学的行为，甚至还可能一点儿都没有促进。特别是自觉性不强、家长也无法监管的孩子，他们很可能上课和写作业的时间在打游戏、吃零食、看小说和看剧。

面对这样的情景，我在想如何才能像课堂教学那样实现教对学的促进作用，保证学生的学习效果。于是我先和同组老师交流，发现各班的情况类似，能用的方法和传统课堂教学紧密相关，但目前实现不了，况且在线教学绝不是照搬传统课堂教学那么简单。然后我开始反思整个教学过程，发现我在教学的过程中更多的是在讲解，其实我讲的学生都能接收到，重点在于他们肯不肯吸收，来实现学的行为。我静下心来，重新理顺教和学的关系，再度整合。在这个阶段，我在课上加入了**新的学习活动设计**、**学习视频资源准备**和**学习过程监控**，**课后分组有针对性地"帮扶"**，总而言之，能够有效地帮助学生居家在线学习，保证学习效果。

① **学习活动设计**。开课前 5 分钟听英文歌放松之余，让学生从每首歌里面挑几个表达进行学习（与学生所学的相关）；让学生观看新冠病毒相关的视频（如何防护、术语表达、振奋人心的演讲等），看完后让学生谈谈自己的感受。

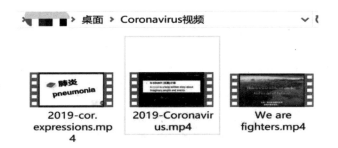

② 学习过程监控。课上采取各种方法让学生们集中注意力(老师点名,3次不应答者晚上去群里"吃加餐";大声说简单的英语指令,让学生重复指令,使学生理解现在要做的事)。课上强调的知识点通过当堂测来验收,让学生在群里接龙写答案(一般为单选题和填空题)。

③ 课后分组有针对性地"帮扶"。课后每天布置40分钟左右的作业量,学生完成后在群里上传作业(也要求学生上传当天上课笔记),此外,找课余时间有针对性地培养优生和帮助后进生,后进生重点在基础——单词过关,背诵对话(建单独的群进行检查),优生重点在提高英语综合能力(也是建单独的群来培优)。

结果:

现在我上课很少出现"一人演出,一人谢幕"的情况,每当我点名到第3遍,耳边就会出现亲切的回答声:"老师,我在!"有时候甚至还出现抢麦回答的情景,这时我便知道学的行为已经在慢慢发生了,那么教与学的再度整合也真正发挥了作用,它一定实现了传统课堂实现不了的。

三、多元融合,布置"花式"作业

传统课堂的作业大部分仅限于笔头作业,但在线教学布置的作业可谓丰富多彩,学生在这个过程中也学会了不少技能。

案例三:

刚开始线上教学的一个月里,交上来的作业有写在本上的,有交电子版的,甚至还有写在卫生纸上的。情况也确实属实,因为疫情期间足不出户。我批改作业的时候也哭笑不得,经常会看到学生的留言,"老师,我家真没纸了,卫生纸将就一下吧","老师,我在老家,条件有限,拿的我妹妹的彩笔,您别见怪",于是我萌发了作业布置可以采用多种形式的想法。

分析及解决办法:

线上教学最根本的还是靠学生自己,学生自主为主,老师指导为辅。作业的完成过程中,老师和家长都只起到监督的作用,笔头作业学生已经疲劳以待,又限于疫情期间学生手头可利用的纸笔不多,如果可以采用多种形式布置作业,学生学习的兴趣点会被激发出来,学生更愿意主动完成作业。备课组会议上,我和王老师、贾老师讨论后,实现了作业多元融合,"花式"不重样。

① 问卷星在线测试。需要老师提前录入题目和答案,学生答完后马上出现答案,这样的方式可以促进学生牢记知识,加深学生对知识点的掌握,同时也方便老师进行数据分析。

② 趣配音练习。在趣配音 App 和一起中学 App 上提前选好片段,喜欢英语听说的学生非常积极,甚至后续还涌现出一大批自告奋勇的学生主动发给我录音视频。

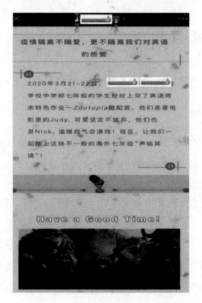

③ 看电影学英文表达。英语学习不局限于课本的内容,学生们非常喜欢,不仅可以学习电影中地道的表达,还可以拓展词汇量。

④ 给相应的主题设计海报。本学期第 8 单元的主题是介绍街区,留给学生的作业是给自己所住的街区设计一幅海报,手绘和电子版都可以。

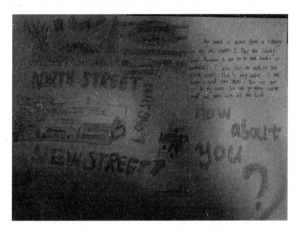

结果:
学生感受到了学习的快乐,提升了学习的动力和兴趣。

四、结语

疫情给学校开学按下了暂停键,但教与学的脚步从未停止。异于传统课堂,线上教学没有时间和空间的限制,即使老师的教与学生的学时空分离,但只要想学,随时可以收获知识。线上教学也绝不是传统教学的"网上复现",不能"照搬套用"以前课堂的模式,这对老师和学生来说是一次探索,更是一次挑战。以上仅仅是我在线上教学过程中的一些小小的探索,具有一定的可操作性,也取得了些许成效。

重新定义班主任:学生与家长之间的桥梁
——网络教学期间的案例与反思

武汉海淀外国语实验学校　　贾园园

初任班主任,我将自己的工作定义为孩子们在学校的"妈妈",需要关注他们在校期间的学习和生活上的点点滴滴,不料突然爆发疫情,传统课堂转为网上授课,监督管理的工作移交到了父母手中,而我的角色也发生了很大转变。

一、问题

某同学在校一直都是一个很乖巧的小女孩,古灵精怪,想法很多,语文和英语成绩不错,但是偏科严重,数学和物理着实让老师头疼,让家长揪心。上网课期间,多次发现该学生作业没有认真完成,笔记也敷衍了事的情况,暴露出来的问题是孩子自制力太差,执行力非常弱,并且做事"三分钟热度"。与家长沟通时,她妈妈表达了对孩子每天学习状态的焦虑,并且表示管教孩子没有效果,母女关系紧张,言语中甚至将责任推脱到学校方面,认为到了学校后孩子"变得都不是我的孩子了"。另一方面,某同学也多次找我谈心,吐槽妈妈管理方式激进,"我不想让她管我",言语中充满对妈妈的不满,并且由此产生不想学习,"报复"妈妈的想法。

二、解决办法

发现她妈妈有将矛头引向学校的趋势,立刻加以引导,告知她妈妈孩子在初中和小学有差异实属正常现象,并不是学校的问题,而且网课期间,并不止某同学在家里让家长着急上火,很多家长和学生眼中的"好孩子"的父母也反映孩子有同样的问题,让她妈妈以平和的心态看待这个问题。经过两个多月的沟通,她妈妈虽然还是不满意孩子的学习状态,但是开始反思自己和爸爸作为家长的管理方式问题,而不是指责学校,达到了我预期的目的。其次,对于某同学抱怨妈妈管理方式激进的问题,我也借由她月考数学的进步和平时作业完成情况的进步不断地跟她妈妈表扬她,传递一些正面消息,如孩子听到表扬后喜悦的心情和高涨的学习积极性,并且向她妈妈介绍"正面管教"的方法,希望她妈妈也能够以发现的眼光看孩子,多鼓励,少批评,一方面缓和与某同学的关系,另一方面也使孩子保持对学习的热情。最后,对于她妈妈表达的对复工后孩子无人监管情况的担忧,我提出了解决办法:每天中午 1:30 前完成语文或数学中的一门作业,上交 QQ 群的同时发给我一份,晚上 8:30 前把剩下的作业做完,并且另外发给我一份。以此来帮助家长完成监督孩子的任务,同时可以传递更多正面信息给家长,一定程度上缓解了家长的忧虑。

某同学私下喜欢与我沟通,觉得我是她的"好闺蜜",因此对我说话比较直接。在与某同学沟通的过程中,发现她对妈妈的管理方式非常排斥,觉得"我妈不会管""这一点都不合理""只会凶我",我引导她理解妈妈这样做的原因,让她站在妈妈的角度思考,体谅妈妈焦虑的心情,并且答应帮她和妈妈沟通,但是借机提出条件:每天中午

1:30前完成语文或数学中的一门作业,上交 QQ 群的同时发给我一份,晚上 8:30 前把剩下的作业做完,并且另外发给我一份。以此来督促她改掉拖延的坏习惯,养成合理规划时间和认真做好一件事的好习惯。并且,我以在她妈妈面前的信用度为由,让某同学意识到没有履行条件的后果的严重性。同时,我也请和她关系最好的另一位同学平时与她多沟通,希望能对某同学有所启发。经过和某同学一个多小时的电话沟通,这件事初具成效,某同学答应我的条件,没过一会儿就跑来向我"报喜":"我妈今天是最近唯一一次和我好好说话!"她的好闺蜜也表示某同学在此事后有了一些变化。对于她和妈妈矛盾的缓和以及她的一点小变化,我深感欣慰,也希望她能真正做到她的承诺。

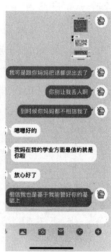

三、反思

亲子关系在疫情期间尤为突出。对家长来说,因为长期相处,"神兽们"的学习状态完全暴露在家长面前,与家长心里对孩子学习状态的设想相差甚远,家长内心的落差非常容易引起焦虑,再加上家长或缺乏时间陪伴孩子,或以老眼光看待孩子等原因,在教育管理孩子方面没有讲究方式方法,导致管理效果甚微,甚至引发更大的矛盾。对孩子们来说,他们虽然管不住自己,但是更不想被家长管教,"我有我的想法,但是你们不懂;你们有你们的管法,但是我就不听",他们不想与父母过多地沟通,同时也对父母的管教非常排斥。因此,需要一个"中间人"去传递双方的想法,而班主任就接下了这个任务,充当父母与学生之间的桥梁。

从家长层面来看,班主任需要通过各种方法,如多反馈正面信息、横向对比其他同学等,缓和家长内心的焦虑,让他们对学校、对老师、对孩子有信心,同时,采取一些措施帮助家长共同监督管理学生,让家长看到老师对孩子的重视和辛苦付出,这也有助于化解激化的亲子矛盾。

从学生层面来看,班主任的桥梁作用尤为重要。他们找班主任吐槽抱怨的时候,一方面是出于信任,另一方面也寄希望于班主任帮忙解决问题。因此,在与学生沟通时,倾听吐槽抱怨后,需要加以正确引导,如感恩教育、责任教育等,让孩子理解父母的苦心,并且答应帮孩子与父母沟通管理方法上的问题,取得孩子们进一步的信任,同时,一起分析学生自身的问题,并提出要求,引导学生改掉坏习惯,养成好习惯。如果父母看到孩子的改变和进步,相信父母与孩子之间的矛盾也能够迎刃而解。

总之,"师教之力,贵在主导,要在转化,妙在开启",教师只要对工作有满腔热情,怀着对学生无限的关爱,定能在学生与家长之间架起沟通的坚固桥梁,从而形成学校与家庭的教育合力,帮助学生全面发展。特殊时期,这份"桥梁"责任就显得更加重大!

爱护地球 人人有责
——关于美篇《家事国事天下事 海外学子事事关心》的形成历程

武汉海淀外国语实验学校 钱 云

一、设计目的

2020年注定是不平凡的一年。新年伊始,人类过得格外不平静,全球各地发生着一件件不容乐观的事情:澳洲大火导致1 200万公顷的土地沦为火场,数以亿计的动物丧生火海,澳洲人民苦不堪言;西班牙暴雪导致22万人无电可用;沙漠蝗灾不仅导致东非近2 000万人粮食紧缺,还继续蔓延到了中西亚和南亚;全球多地发生强烈地震;菲律宾火山爆发导致多人伤亡,家园尽毁;困扰世界的新冠肺炎有多人确诊,致使多地封城,经济损失严重……

在这段特殊的居家时期,为了让孩子们多多了解社会热点,多多关注我们赖以生存的地球的发展现状,学会爱护地球、珍惜资源、保护环境,呼吁人类与大自然和谐相处,于2月21日给孩子们布置了一项结合人地和谐、可持续发展观念贯彻德育教育的周末特色作业。作业形式不限,符合主旨皆可。

二、美篇创作历程

经过两周的准备和创作,孩子们陆陆续续交出了自己的作品:原创歌曲、视频剪辑、手绘漫画连环画、手账、自创诗歌、自制PPT等,种类多样,可谓精彩纷呈。从这些作品中我挑选出了一些比较优秀、主题鲜明的进行排版,分为四大版块:武汉加油、风雨同舟;敬畏自然、尊重生命;保护环境、爱护地球;澳洲大火启示。

(一)武汉加油、风雨同舟

这个冬天,虽然病毒肆虐着我们的家乡——武汉,但我们坚信疫病和灾难终会成为岁月里的尘埃,春风终会吹开这里的樱花,只因我们对脚下的土地爱得深沉!看,我们字里行间都是对家乡武汉的热爱;听,我们的浅吟低唱中都是对家乡武汉的眷恋……

(二) 敬畏自然、尊重生命

新型冠状病毒、恐怖蝗灾、禽流感……细查每一场灾难的背后,大多与动物有着千丝万缕的联系,利欲熏心的背后,是无数生命的逝去。人与动物本是这个地球上的命运共同体,每一个生命都值得被尊重和敬畏。著名历史学家梁从诫先生曾说过:自然界的生态平衡犹如一张大网,每个物种都是网上的一道经纬,任何一个物种的灭绝都会使这个大网上出现孔洞,任何一个孔洞对人类来说都是绝对危险的。万物皆有灵,每一个生命都应该被尊重、被珍视。

(三) 保护环境、爱护地球

为了满足不断增长的物质需求,人类不惜一切代价,改变着地球的面貌,乱砍滥伐、乱开乱采、乱排乱放,致使我们的地球"母亲"满目疮痍,不堪重负。地球是所有生物共同的家园,我们也只有一个地球,善待地球,就是善待我们自己。地球"感冒",就会山呼海啸;地球"发热",就会天崩地裂;地球"健康",就会鸟语花香;地球"高兴",就会风平浪静。

(四) 澳洲大火启示

一场史无前例、历时数月的大火侵袭了远在南半球的澳大利亚,导致数百万英亩土地被烧毁,近9万人流离失所,超10亿只动物直接或间接死于这场大火,也造成了严重的空气污染。希望这是一次教训,而不是一场演完就散的闹剧。

美篇链接:https://www.meipian.cn/2rco3509?share_from=self&user_id=2890153&uuid=feb4ab1623e7a37c3b438ce770ce00cc&share_depth=1&first_share_uid=2890153&utm_medium=meipian_android&share_user_mpuuid=c2b2ea4cb42eea4efcb9d1400a1ad96d&utm_source=singlemessage&from=singlemessage&first_share_to=singlemessage。

三、总结反思

此次特色作业不仅丰富了孩子们的居家生活,展现了他们的才华,也将人地关系和谐发展及可持续发展的观念渗透进孩子们的心里,让孩子们了解了地理必修2的主旨思想,将知识与生活紧密联系起来,从而更好地促进孩子们的学习,也让孩子们更清楚地明白地理学科为何而学、学有何用。

用爱赋能,做有温度的教育
——疫情期间班主任如何进行班级管理

武汉海淀外国语实验学校　　包　晗

摘　要：班主任是学校德育教育的基层单位,更是一个班集体的灵魂领导人物,承担着引导学生思想健康发展、推动家校合作顺畅和谐、协调科任老师关系等重要责任,在青少年的成长中起着难以估量的作用,所以班主任工作不仅是一门技术,更是一门艺术,尤其是疫情期间的线上学习,班主任和孩子们无法面对面地交流,这对班主任提出了更高的要求,更需要班主任用心用爱去灌溉,给学生源源不断的能量,让他们勇敢地面对疫情,持之以恒地对待学习。

关键词：中学班级管理　班主任工作　线上教学　以生为本

　　随着第三次科技革命和人工智能的发展,在这个科技日新月异的时代,计算机和网络已经悄无声息地令许多工种和职业消亡,并在继续替代更多的人类工作。对于教育行业未来的形态和走向,也出现了很多不同的声音,有一种观点认为：当计算机可以自我学习,具有人脑思维,网上资源课程唾手可得之时,教师这一职业也可能会被人工智能技术取代。

　　2020年的春天是不平凡的,新冠病毒在全球蔓延,这次疫情对全世界的医疗、经济、社会是重大的考验,对教育也是一次史无前例的挑战,更是对"教师这一行业是否会被人工智能替代"这一论点的现实验证,从2020年2月开始,根据习近平总书记关于新冠肺炎疫情防控的重要讲话精神和教育部做出的"停课不停学"的工作部署,我校积极响应和落实相关工作,近3个月的线上教学实践证明了教师这一行业是不会被人工智能取代的,因为这一论点仅从教学的角度来说有一定的科学性,但并没有考虑教育行业的特殊性。

　　近代教育家夏丏尊曾说过："没有爱就没有教育。"有爱的教育才是有温度的,教师之所以被称为灵魂工程师,是因为我们每天所做的不是简单的知识传输,而是面对一颗颗天真烂漫的心灵,去呵护、引导、启迪他们,唤醒他们内心生长的力量。在这个技术称王的时代,教育是不会被机器取代的,因为机器永远给予不了温暖和爱,而教育是心与心的沟通,是最需要温度和爱的职业。以上感受和观点,在网络教学过程中,得到了家长、学生和老师们的普遍认同。因此本文中笔者将就疫情期间的具体案例,阐述班主任进行班级管理的一些方法。

一、因材施教,一对一沟通,用爱关注每个学生的成长

我们都知道育苗需要合适的温度,有的植苗适合在高温下生长,有的植苗偏好低温。正是因为有不同的温度需求,不同的植物才分布在不同的气候地带,生长在不同的季节,这说明育苗的温度与植苗本身的特性有关。育人如同育苗,我们必须要因材施教,给予不同学生合适的温度,发现不同学生的特点,激发不同学生的潜能,才能最大化地做到在教育上的"私人定制"。在日常的班级管理实践中,笔者认为一对一的谈话沟通比泛泛的集体教育更有针对性也更高效,在疫情期间,每周争取与每个孩子都进行一次微信或 QQ 平台上的文字或语音电话交流,其效果十分显著。

"一对一沟通"一方面可以让学生感受到老师特有的关注和关爱,持续拉近师生关系,另一方面可以有针对性地解决个体问题,帮助孩子提出解决个体问题的方案。

具体操作中要特别注意几点:在一对一沟通前,笔者一般会先通过微信与学生的家长、科任老师、好朋友沟通,多角度了解该生最近的表现,做到心中有数,宏观了解后再与该生直接沟通,青春期的孩子对成人或多或少会有戒备或抵触心理,即使是与最近状态不太好的孩子交流,也一定注意在谈话时要以肯定和赞赏开篇,也可以适当地询问其与学习关联度不大的兴趣爱好发展情况,营造轻松、平等的交流氛围,进而可以让该生自己对近期学习生活进行总结,引导其说出不足和困惑,并且交流的内容不要仅限于学习,老师在给出建议的环节注意不要贴"标签",不要带有太多个人情绪地否定和批评,要让孩子感受到我们不是居高临下的"过来人",而是真的用爱作为"帮助者""共同成长者"陪伴他们成长的伙伴。

作家林清玄曾说:"爱是最好的教育。""好孩子不是得第一名,而是被唤醒了内心的种子。"每一个孩子都渴望着被关注、被认可,这是人的本性。下面将就几个具体的案例,阐述在疫情期间在班级管理中对个体思想教育的关注是如何进行的。

(一) 用爱引导,让学生学会与自己和解

案例背景:焦同学在校学习期间一直都自律优秀,是家长眼中的"别人家的孩子",但在线上学习开始一段时间后,通过与科任老师的交流了解到他的状态不够积极,有所下滑,这是一个完美主义但又容易脆弱的孩子,如果没有达到自己预期的结果就容易陷入自我怀疑,并以"不作为"的方式来应对学习。

解决方案:从侧面了解了他的状态后,及时与他通过视频电话一对一沟通谈心,对他最近的懈怠状态没有过于提及,而是引导他回忆过去积极努力的状态下的感觉,之后引导他主动诉说最近自己的问题或困惑,肯定和认同他的情绪,并给予他一些建议:一是重新建立每天做计划的好习惯,将课余学习生活安排得有规律;二是每天晚上自我总结、复盘,写一封感谢自己的"信",回忆三个今天的进步和收获,从而肯定、激励自

己;三是理解父母,接受和欢迎父母适当干预指导自己的学习生活;四是学会换位思考,正确看待其他同学的进步,自己的优秀与其他人的进步是不冲突的,要能接受他人的优秀并为自己的同伴鼓掌点赞!

谈话结束时,令人欣慰的是他欣然地接受了建议,在与他结束谈话后笔者再与其家长进行了沟通,争取家长后期落实的支持和配合。有布置就一定要有检查,因此之后的日子,随时抽查和跟进他的状态(以下是与焦同学及其家长的沟通截图)。

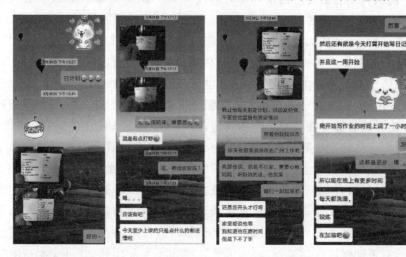

经过一段时间的监督和及时地给他鼓励打气,无论是他自己还是科任老师,都反馈在状态的调整上有不小的进步。迎难而上、与自己和解、学会为竞争对手喝彩,相信在未来的人生路上,这些品质会比好成绩给他带来更长足的收获!

(二)用关怀和信任疏导青春期的"小烦恼"

案例背景:陈同学在网课学习期间遇到了青春期的"小烦恼",在此期间她在物理学习方面得到了一位物理"学霸"小哥哥的辅导,你来我往中,相互之间便产生了欣赏,心生了情愫,笔者在与其他同学的非正式交流中侧面了解到这个情况,当听到这个孩子可能在"网恋"时,尤其是在疫情期间,想到要隔着屏幕与孩子沟通这么隐私的事情,还是担心会有些棘手。

解决方案:在预想好陈同学对此事的几种态度,并提前做好对不同结果的应对预案后,笔者与她进行了微信语音通话。最近几天在朋友圈看到了她给父母和妹妹下厨做美食的照片,于是首先赞许了她热爱生活、体贴家人,从而拉近心理距离,其次让她总结最近的学习生活,尤其是互联网使用上是否遇到什么事情或者困惑,引导其说出在男女生交往方面是否有什么烦恼。让笔者很惊喜的是,陈同学没有过多隐瞒,很快地陈述了与"学霸"小哥哥认识、产生好感的过程,也说出了她的困惑:有些后悔答应对方,但是又不知道怎么拒绝。在听完她的陈述后,我深知这时候作为老师一定不能批评或指责,便与她做了以下沟通:一是感谢她愿意把自己的小秘密、小困惑与我分享,能够得到她的信任是很幸福的事情;二是让她明白对美和优秀的人或事物的向往是很正常的事情,尤其倾慕的对象是一个热爱学习、乐于助人、积极努力的男生,这说明陈同学的审美是向善向好的,这是需要肯定她的;三是说明对于这样的关系,他们还没有足够的精力和能力去处理好,对学习状态是有影响的,她承认了上课有发呆走神的情况,同时也会因为怕老师和父母知道而担心,这不利于心理的健康发展;四是在她认同以上想法的前提下,笔者表示相信她可以很好地结束这段关系,并嘱咐她在处理时不要伤害对方,要保护对方的自尊心;最后笔者提出这是我们两人之间的小秘密,只要她能处理好就不会告知其父母。之后,陈同学在微信上回复说,深深地为自己的行为而悔悟,也妥善地处理好了这个青春期的小插曲。此事过后,各位科任老师在反馈时对陈同学的学习状态和进步都大加赞赏!

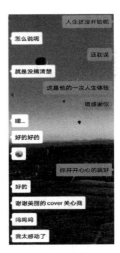

中学生处于青春期,犯错误是难免的,而对于犯错误的学生,相对于惩罚,其实班主任的宽容处理会使管理效果更好,班主任关怀和信任的态度会使学生感受到温暖和自我价值,也就会使其因此感到内疚进而改正错误。

(三)爱在左严格在右,好习惯助力好人生

案例背景:夏同学在网课开始以后,无论是上课状态还是作业质量都出现了较大问题,这是笔者始料未及的,因为在学校的学习生活中,他是一个阳光、有担当的大男孩,于是笔者从他周围的小伙伴入手,了解到他沉迷于游戏甚至熬夜玩,这是导致他学习状态较差的核心原因。但笔者更关注的不是暂时的成绩下降,而是要帮助他养成好的学习、生活习惯。

解决方案:在处理夏同学的问题时,笔者双管齐下,首先在第一时间联系了夏爸爸,由于夏爸爸对教育方法掌握不多,对孩子又盲目信任,因此在交流中记录了一些家庭教育的漏洞,针对这些漏洞与其爸爸进行沟通并给出建议:其一,晚上十点前,孩子务必上交手机,保证睡眠;其二,没有规矩不成方圆,引导孩子自己设计对自己的约束"条款",签订家庭学习"合约";其三,上网课期间,只给孩子一台电子设备,杜绝用另外一台打游戏的现象;其四,紧密配合老师们做好监督和落实工作;其五,对电子设备进行App使用的监控,这一点在武汉市4月8日家长复工复产以后是尤其必要的,可以让家长回家后掌握孩子使用电子设备的情况。

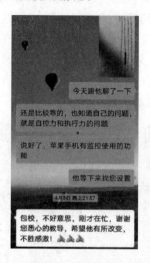

在与其家长联系后,笔者与夏同学电话沟通,首先不直接谈他的问题,而是回顾他在过去一年内担任组长并带领自己的小组走向优秀的经历,肯定他的能力,并提出对他的高期待,其次让他对自己的网课学习情况做出评价——不出意外,他自己也是很不满意的,他需要一股助推的力量帮助自己走回正常的轨道,于是顺势对他提出了要求:首先,建立每日做规划的习惯并每天复盘反思;其次,主动接受家长对电子设备的监控,并发给老师监督;最后,不熬夜,每堂课不迟到,并在关键时间点设定闹钟,做守时、负责、诚信的人。

经过一段时间的努力,夏同学的状态有曲折反复,有一种教育方法叫作坚持,在孩子的错误重现的时候,考验的便是教育者的耐心。在孩子有进步的时候,及时给予赞许和肯定,是孩子坚持的有力支撑,于是后来一次班会上,让夏同学跟同学们线上分享了他进步的原因、自己的做法,这样的形式让他更加有自信,也让其他孩子可以借鉴学习,从而形成班级内积极向上的学习风气。

古希腊著名哲学家、教育学家苏格拉里在关于寻求普遍知识的方法中提出产婆术(art of midwifery),其是指在与学生谈话的过程中,并不直截了当地把学生所应知道的知识告诉他,而是通过讨论问答甚至辩论方式来揭露对方认识中的矛盾,逐步引导学生自己得出正确答案。这一方法被广泛地应用于知识的教学中,更适用于德育教育。教育是为每个学生的未来做准备的,学生在进入社会以后,家长和老师不会再过

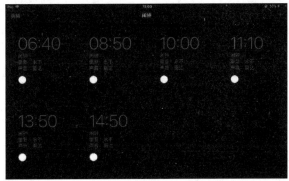

多地为其保驾护航,因此在成长过程中,激发和推动学生自主、积极、内发地思考问题尤为重要,而一对一沟通,用爱、用心为孩子们赋能是推动每个个体发展的有效途径。

二、相时而动,"班会分享"彰显集体的力量

一个人可以走得很快,但一群人才能走得更远。在班级管理中,我们面对的是一个作为整体的集体,集体中的每个个体是相互影响的,所以我们要特别关注"同伴效应"的影响。同伴效应又称同群效应(peer effects),它产生的前提是在一个群内,教育领域内的群通常包括宿舍、班级、年级、学校等。Hoxby(2000年)系统分析了同伴效应的作用途径:①学生互相帮助,互相指导;②学生天生的能力影响同伴,不仅通过知识的外溢效应,还通过对整个班级的标准(如教学难度)的影响;③学生行为影响同伴,如一个不能自我约束的个体,可能会影响整个班级的纪律;④残疾、性别、种族、家庭收入等产生的同伴效应;⑤教师和学校管理者对学生的反馈也能产生同伴效应,例如,如果一位教师预期一类学生表现较差,那么他将营造这样的班级氛围。班会是与学生进

行思想交流的重要途径,尤其是网课学习阶段,老师与学生、学生与学生不能见面交流,就更加突显了线上班会的重要性,我们班的线上班会设计基于以下原则:①关注当下、结合时事,阶段性推进;②学生自主组织,锻炼学生能力;③贴近学生生活,解决实际问题;④用学生喜闻乐见的形式组织;⑤调动家长参与,做教育的合伙人。因此,线上教学开展至今,对于每周的班会,笔者和孩子们都会精心准备。

例如,线上教学期间的第一周班会由焦同学、潘同学主持,组织同学们从生物、时政等角度客观、科学地看待疫情,向白衣天使和逆行者致敬,同时鼓励大家守望相助、认真学习。

在第二周的班会中,由于一些孩子对线上学习不适应而出现无所适从、懒散懈怠的情况,我们邀请优秀学生代表高同学分享好的学习和生活习惯,让优秀带动更多的优秀,孩子们在班会之后也反馈收获很大,会把一些好的建议运用到自己的学习生活中。

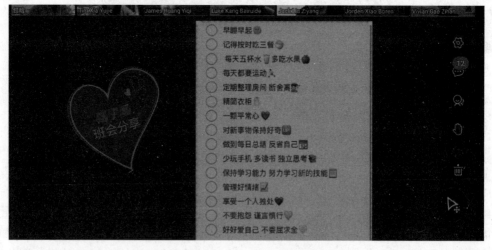

在第三周的班会中,我们还开辟了一个新的系列版块"读书分享会",不仅动员学生在线上学习期间多读书、读好书,还让学生用演讲的方式与同伴分享好书、锻炼表达能力、提升自信心,而且还邀请家长与孩子们分享好书,为营造良好的书香家庭氛围提供了很好的契机,此措施也利于亲子关系的促进,如谈妈妈分享的《人生十二法则》、焦

同学分享的《简·爱》、康同学分享的《老人与海》等。

随着疫情的不断好转,复学的脚步离我们越来越近,学生充满了对回校学习的期待和渴望,复学在即,我们的班会课内容就增加了对"复学防控"知识的宣传教育,为开学后的防疫工作做好准备。

三、用爱贯穿德育始终，每周一封云端"信"传递老师们的真情

每周我们班的科任老师都会对本周孩子们的表现进行复盘、文字点评，以鼓励、点赞为主，同时，班主任也会在家庭教育、家校沟通、周末生活的安排等方面给予建议，汇总后以书信的形式传给家长和孩子们，营造充满正能量的氛围，也便于家长对孩子学习情况的了解。

- 2020 0221九国际班周总结
- 2020 0228九国际班周总结
- 2020 0228九国际班周总结
- 2020 0306九国际班周总结
- 2020 0306九国际班周总结
- 2020 0327九国际班周总结
- 2020 0403九国际班周总结
- 2020 0410九国际班周总结
- 2020 0417九国际班周总结
- 200201给国际1.5宝宝们的一封信
- 200223 ▇▇ 简单的一周总结
- 20200209班会记录
- 20200216班会记录
- 20200223 九国际班会记录及上周反思
- 20200301九国际班会记录
- 20200308九国际班会记录

九年级国际班（20200224-0228）周总结

各位家长、孩子们：

  一周的学习生活又告一段落了！本周孩子们的状态可以说渐入佳境，不仅中教课上与老师们的关系越来熟悉、亲密，而且随着外教不断调整教学方式、课堂模式，孩子们也越来越适应了；周二、周三和周五悄悄地到后台"潜水"观摩😊，虽然隔着冰冷冷的屏幕，但是看到孩子们的积极、阳光、主动的状态，彷佛就面对面伸出手就可以触摸到孩子们可爱的脸庞一样，尤其是很有几个孩子在英语口语的流利、地道方面的进步（跟初二在美国时候相比哈）让我觉得很惊喜、也很感叹年轻人真好啊😊！孩子们，为你们高兴和自豪！

  这个星期随着国际疫情形势的变化，我相信每天看到新闻的时候大家可能都胆战心惊，在当今经济、文化全球化、一体化的命运共同体发展趋势之下，我们祈祷和祝福所有国家、地区都能尽快控制和摆脱瘟疫。我相信此时此刻，我们每个人也都应该为以是中国人而自豪！当党中央迅速做出反应，国家机器高效运转，19个省份对口支援湖北，1000多万人的武汉一夜封城，9000多万党员成为抗疫排头兵，14亿中国人令行禁止、隔离待命，创造了一天6000多名医护人员抵达武汉的记录，10天建成火神山医院，12天建成雷神山医院，武汉方舱一夜投入使用，每个紧闭的门口都写满坚定。每个鏖战的夜晚都托起黎明！在灾难面前，我们看到的不是杂乱无章、哀鸿遍野，而是忙碌中的井然有序，苦痛中的守望光明。基辛格在《论中国》中讲：中国人总是被他们之中最勇敢的人保护得很好。鲁迅先生也曾说：我们自古以来，就有埋头苦干的人，有拼命硬干的人，有为民请命的人，有舍身求法的人。希望孩子们你们能成为这样眼中有光、心中有爱、充满感恩、耳聪目明的定义未来者！

一、以下是本周各学科老师的点评：

九年级国际班（20200330-0403）周总结

各位家长、孩子们：

一、以下是本周各学科老师对孩子们的点评：

➢ 英语：本周的学习重点是论文写作（议论文），要求学生按照英语语言的习惯去写，我们就当前的留学生是留守国外还是回国进行在线讨论，大家都能辩证思考，每个人都有自己的观点和想法，作业论文写得非常棒的同学有：▇▇▇▇、▇▇▇、▇▇▇▇▇，作文结构清晰，用词准确。另外课堂互动环节，▇▇▇ ▇▇▇ 发言积极，而且回答问题正确率高，进步非常明显；而且▇▇▇同学克服时差，补做了几天的英语作业，给你点赞！本周还做了一篇托福听力练习和一篇阅读练习，▇▇▇、▇▇▇、▇▇▇、▇▇▇、▇▇▇都能十分积极按要求认真做题，感谢▇▇▇▇、▇▇▇▇同学对我提供的各种软件，很荣幸与你们一起学习进步！咱们一起继续努力！

➢ 语文：同学们状态不错，尤其是作业提交较上周有明显进步！表扬▇▇▇、▇▇▇——不仅课上认真专注，积极讨论，而且作业一直保持较好的质量！特别表扬高▇▇、▇▇▇——课堂上的发言更多了！特别表扬▇▇▇、▇▇▇、▇▇▇——作业提交更及时了！同学们，这些都是很宝贵的变化！

另外，老师想以一个年长朋友的身份，给大家多聊两句——尽管语文对现在的你们来说是副课，但我很高兴大家依然很善待母语学习。而我也很乐意在这有限的时间内希望通过自己有限的视野、浅薄的语文知识为大家丰富多彩的国际化成长添砖加瓦。虽然每周我们只有 3 次在课堂上相遇的机会，但也正是因为时间少，每一次思想火花的碰撞才更显珍贵。老师真诚地希望课堂上我们所有同学都能积极参与讨论——话不在多，但一定要勇敢地表达自己。这一方

结语：一个班集体发展的好坏，无论是对学校工作来说，还是对学生的个体发展来说，都有着十分重要的影响。班主任作为班级的引导者和"领头羊"，承担着班级管理的重任，在 2020 年疫情期间的线上教学中，班主任更是发挥着举足轻重的作用，与学生共同学习，与家长守望相助，在冰冷的屏幕背后，班主任们用爱传递温暖、关怀，为孩子们的成长赋能，研究探索更多有效的教育方法，家庭、学校和社会的教育携手让我们的教育充满温度！

参考文献

[1] 来江生.构建自主发展德育模式促进学生身心健康成长[J].课程教育研究，2018(18).

[2] 魏书生.最好的管理是让学生自我管理[J].江苏教育,2017(39).

[3] 闫学.跟苏霍姆林斯基当老师[M].上海:华东师范大学出版社,2017.

[4] 于洁.我就想做班主任[M].武汉:长江文艺出版社,2018.

浅谈教师在"空中课堂"小组合作学习中的主导作用

武汉海淀外国语实验学校　郭芳芳

摘　要：随着"以生为本"教育理念的不断深入，众多中小学开始将小组合作学习模式纳入教学改革的重大举措之中。小组合作学习这种崭新的教学模式通过营造宽松的学习环境，使每位学生的自主性得到发挥，个性得到张扬，激起学生学习的兴趣，其有效性、实用性是显而易见的，但是在疫情期间，实行"空中课堂"、线上教育，教师、学生都隔离在家的情况下，如何有效发挥小组合作学习这种教学模式的优越性，教师的主导作用不言而喻！

关键词：小组合作学习　线上教育　教师　主导作用

《基础教育课程改革纲要(试行)》中明确指出："改变课程实施过于强调接受学习，机械训练的现状，倡导学生主动参与，乐于探究，勤于动手，培养学生搜集和处理信息的能力，分析和解决问题的能力以及交流与合作的能力。"《全日制义务教育思想品德课程标准(实验稿)》中也指出："在教学中积极引导学生自主学习，主动探索社会现实与自我成长的问题，通过调查、讨论、访谈等活动，在合作和分享中丰富、扩展自己的经验，不断激发道德学习的愿望，提升自我成长的需求。"小组合作学习模式正是能在相当程度上实现上述教育理念的有效模式之一。

小组合作学习模式秉承"自主·合作·探究"的课程改革理念，这一新课程改革理念竭力张扬学生的主体身份，一改过去教师站在讲台上"一言堂"式教学模式，传统教学中教师的主导作用似乎无从发挥了。作为一名高中教师，我积极践行"小组合作学习"教学改革，经过八年的亲身实践，从不知所措的迷茫到有点感觉的清晰，经历了由感性认识到理性认识的升华，我逐步认识到要让小组合作学习发挥教学效率，教师的主导作用仍然是必要的。

2020年注定是不平凡的一年，疫情来袭，武汉封城，所有的原有计划全部推迟，教师、学生见不着面，教育面临着前所未有的挑战。有人说机遇和挑战并存，的确是这样，小组合作学习模式已打破原有的"一言堂"式传统教学模式，而此次"新型冠状病毒"疫情更是加快了教学改革的步伐，以前只是在课本上跟大家探讨信息化时代网络学习和课堂学习的利弊，却没想到作为一名高中一线教师，竟亲身经历了这场大规模的教育"变革"。

线上教育使得学生的学习地点和形式变了,那我们的小组合作学习模式还能发挥作用吗?怎样才能将无法面对面的小组成员组合在一起合作学习?这就要发挥教师的主导作用。教师必须当好"导演""主持人""教练""裁判"。同时,教师还必须注意避免由于自身"错位""缺位"导致线上教育小组合作学习的低效甚至无效。

一、当好"导演",精心设计线上教育小组合作学习中必然要发生的、可能会发生的"剧情"

即使是线上教育,教师也要对全班学生的分组进行认真的研究设计,最好按照异质分组,也就是说,每个小组中成员的组织能力、学习能力、学习成绩、思维活跃程度等都要均衡。要确定每个成员的分工,可以采取轮换制,如组长、记录员、资料员、展示员、质疑员等由每个成员轮流担任。组长负责组织、管理工作,记录员负责合作过程的记录工作,资料员负责学习资料的收集工作,展示员负责写学习报告,代表小组进行学习成果展示,质疑员做好应对挑战的准备。教师在编写导学案、进行教学设计时要深入研究教材,明确小组合作学习所要体现的新理念。小组合作学习的内容要有一定的难度,有一定的探究和讨论价值,问题要有一定的开放性。要设计好一堂课的每个环节大约用多长时间,什么内容需要小组合作学习,小组合作学习的时间是多长,等等。有序的小组合作是有效合作的保证。要使小组合作卓有成效,教师需要对合作的程序进行精心设计。程序的设计既要考虑学生独立思考的时间,又要针对教学内容具有知识连续性、递进性、层次性的问题作牵引,还要有准确、简练、通俗易懂的语言描述。

二、当好"主持人",面向全班所有小组,保证小组合作学习的任务在预定的时间内井然有序地展开完成

对高一学生而言,他们合作学习的知识、能力、意识等都是有限的、非常自发的,线上学习对于预定时间的要求更加明确和严格,在这种情况下开展有成效的小组合作学习有一定的难度,往往会出现小组合作学习效果差,达不到预定目标,完不成课堂教学任务等情况。即使学生到了高二、高三年级,他们合作学习的态度仍然有一定程度的自发性,因为不同的学生有不同的学习动机,这就需要教师当好小组合作学习的"主持人"。在整个小组活动过程中,教师要扮演好组织者、参与者的角色,加强对每个小组的监督和指导,尤其要关注困难学生在活动中的表现,教师必须以节目主持人的精神气质来调动和激发他们多发言的勇气。有序高效的合作离不开教师的调控引导。教师应在全面观察分析的基础上,对合作任务、合作时间、目标高低、所给条件等进行调控,并对学生的合作学习给予引导,保障合作的顺利进行。教师可以通过各种社交软件的语音功能和聊天会话框等多种形式,暗示、认可、奖励等多种手段来及时引导学生

的合作,激发和维持学生的合作热情。如对一个安静有序、分工合理的小组给予关注,或赞扬某种合作的方法,其他小组也会努力这样去做。有时还可给予某个小组一些特别的奖励,如我们制定了一张专门的日常量化表,表现优秀的小组通常会得到一至三分的奖励,而这些奖励我们都会通过电子奖状的形式传达给学生。这对引导学生的合作行为会产生积极的强化作用。在学生合作过程中,难免会遇到一些问题和困难,有知识方面的,也有合作技能方面的,这些都会对学生的合作进程造成影响。教师此时应及时提供帮助,如参与讨论、提供参考意见、做补充说明、提供辅助材料和工具等,或教授学生一些社交技巧,教会学生如何倾听,如何发表不同意见,如何向别人提出改进建议,如何处理矛盾、争议等,或给予其他方面的鼓励、支持,使学生的合作继续进行,最终获得成功体验。

三、当好"教练",教会学生开展小组合作学习,使学生在小组合作学习中变被动为主动,从而使学生真正成为学习的主人

线上教育可能对学生的自觉性要求更高,要使学生真正成为学习的主人,教师要教给学生合作的方法,让学生遵循合作学习的原则。首先,各组员要明确在小组中的责任和义务,有明确的合作学习目标,教师要帮助各小组制定小组目标,学生既要做好本职工作,又要协助他人共同学习并完成任务。其次,要教给学生:合作学习中互相尊重,善于倾听并积极思考、记笔记,懂得自我控制发言时间,不能随意发言,注意发言有序,有不同见解要商讨,不能因此阻断别人的发言,使小组发言更完整,更有序,便于更好地完成学习任务。再次,指导合作学习小组在组长的带领下进行合作学习,指导合作学习小组如何分配学习任务,指导合作学习小组如何分配学习角色,指导小组成员学会相互交流,指导合作学习小组如何归纳小组成员的观点。小组合作学习的方式多种多样,可以先由一人发言,其他人补充,或由三人发言,评价综合学习问题的答案。在这个过程中,教师要教会学生倾听,尊重别人发言,要不然线上学习要么"死气沉沉",要么"乱成一锅粥"。教师要根据不同的内容教给学生不同的合作方法,久而久之,各小组就会形成自己独特的风格,线上学习才会井然有序,学生才会变被动为主动,真正成为学习的主人。

四、当好"裁判",提前制定科学可行的小组合作学习规则,客观公正地评价每一个小组、每一个学生个体的表现

实践表明,激励性的评价机制可以培养学生的合作精神,能有效促进合作学习。激励性的评价机制在线上教育中同样适用,在合作学习过程中,针对学生的发言和学习表现,教师要及时对学生做出鼓励性、针对性、指导性和全面性的评价。重视学生个

体评价与小组集体评价的结合,促进合作学习。重视学习过程评价与学习结果评价的结合,对表现好的小组和学生个体及时给予肯定和生动有趣的奖励,如"你的回答真棒""你回答得真全面""你听得真认真仔细""你们真是智慧小组"等,促进小组成员之间出现互动、互勉、互相促进的局面,使每个学生都积极参与到合作学习中,并体验到合作学习的成功和快乐,增加学习兴趣、合作学习的欲望。在这里要感谢QQ社交平台为我们提供了便捷,通过语音评价功能,激励性的评价变得更有感情色彩。这种评价机制要想取得长效,还必须把学科课堂小组合作学习评价与班级管理评价机制结合起来。例如,展示评分、质疑评分给多少,给小组集体还是给学生个体,一定要坚持原则、标准,要让每一个学生知道这种评价对他很重要。

以上四点是我比较深刻的成功经验,与此同时,我也从一些失败的课堂中认识到,如果教师在小组合作学习中角色扮演不当,"错位"或"越位"介入了学生小组合作学习中,如当了纯粹的观察者,扮演了"放羊人"的角色,不对小组合作学习进行驾驭,放任自流,就会出现低效课堂,而这种"放任自流"在线上教育这种教育方式下可能结果会更加糟糕,再如当了纯粹维持秩序的"警察",学生被抑制了,思维被束缚了,这样的小组合作学习当然没有了活力。总之,教师发挥主导作用时必须找准自己的位置,无论是"线上"还是"线下",都要把握一个"度"。

参考文献

[1] 赵慧焰.高中政治教学中小组合作教学模式的应用分析[J].中国校外教育,2014(5):38.

[2] 刘甜甜.浅析小组合作学习在高中政治教学中的应用[J].新课程学习,2014(12).

利用网络教学活动促进高中生历史核心素养发展的研究
——以"对人类与疾病抗争的历史的研究"为例

武汉海淀外国语实验学校　　包　晗

一、网络教学活动背景

（一）时代和社会背景

根据习近平总书记关于新冠肺炎疫情防控的重要讲话精神和教育部做出的"停课不停学"的工作部署，我校积极周密部署网络教学的各项相关工作，作为一名一线的高中历史教师，我也积极响应，在做好本职工作的同时努力创新，让疫情期间的网络教学从学生出发、以学生为本。

美国著名教育家约翰·杜威在他的教育本质论中认为，教育就是儿童生活的过程，而不是将来生活的预备。生活就是发展，而不断发展、不断生长，就是生活。因此，最好的教育就是"从生活中学习、从经验中学习"。我国近代著名教育家陶行知先生的生活教育三大原理是"生活即教育""社会即学校""教学做合一"，他主张教育同实际生活相联系，关注社会，反对死读书，注重培养儿童的创造性和独立工作能力。

（二）以培养核心素养为目标的新课改要求

2014年新一轮课程改革的深化对老师提出了更高的要求，要实现历史学科核心素养的培养，在教学中要创设历史情境——历史是过去的事情，学生要了解和认识历史，需要了解、感受、体会历史的真实情况和当时人们所面临的实际，进而才能理解历史和解释历史。因此，在教学过程的设计中，教师要设法引导学生在历史情境中展开学习活动，对历史进行探究。这就要求教师必须树立新的认知观、教学观和评价观，从知识本位转变为素养本位，努力将学生学习知识的过程转化为发展核心素养的过程，教师要创设围绕历史学科核心素养的多种类型的新情境。

2019年6月中共中央发布的《关于深化教育教学改革全面提高义务教育质量的意见》和《高中育人方式改革意见》中均提到要进一步深化课程改革、落实立德树人根本任务；倡导教学要融合运用传统与现代技术手段，重视情境教学；探索基于学科的课程综合化教学，开展研究型、项目化、合作式学习。

(三) 高中生学习心理特点

高中生对历史学习有了许多新的要求,不仅要求教师授课方式生动形象、风趣幽默,也希望教师提供原始资料以供自己分析,在对历史问题的研究上更渴望师生讨论,总之自主性更强。因此学生在进入情境之后,对于问题的研讨更加自觉主动,探索意识和想象力的发挥比一般研讨要强烈和丰富,对问题的认识也必然会更加深入。

基于以上政策和理论、学生的学习心理特点,并结合当下具体现实,我所在的武汉海淀外国语实验学校秉持着立足学生的综合素质、重视学生的全面发展的理念,在这样的大环境下,"停课不停学"启动后,我便一直在思考如何引导学生不仅要扎实掌握课堂上讲授的知识,更要关心社会、关注生活,让学生在疫情期间的学习上能够学有所思、学有所得,不断地进行实践和反思。因此,这篇文章中所叙述的是我在2月中下旬开展的一个实践类的学科活动——促进历史学科核心素养发展。

二、网络教学案例的实施过程

本次教学活动不局限于网课和课本,而是广泛利用信息技术,调动学生学习的积极性,让学生在搜索、收集、整理和筛查资料的过程中,提高对历史学习的兴趣,提升历史学科素养,促进综合实践能力的发展。

(一) 前期准备及布置

由于线上教学阶段,课时量及课时时长都有相应的要求,并且学生对传统的练习题作业热情度不高,因此,如果还布置传统的作业,估计很难调动学生的积极性。于是我一直在思考如何调动学生的热情、培养学生的能力,因此在2月中旬利用周末布置了相关的网络教学历史实践活动类作业,布置内容如下。

2020年年初,全国人民都在经历一场没有硝烟的战争——新型冠状病毒肺炎。学会敬畏生命、敬畏自然、敬畏历史,是这场疫情给我们最大的教训。站在更宏观的历史长河中,武汉海淀外国语实验学校高一年级的孩子们,从历史的角度对古今中外的传染病进行了研究,以史为鉴,可窥过去、预知未来。相信在负重前行的英雄们的守护下,我们终将迎来温暖的春天!

世界一体化的发展已经证明人类是一个命运共同体,因此,作为新时代的中学生,我们要关注时事、关注社会,不读死书、不死读书。根据我前期推荐给学生的一些书籍、文章——《被传染病改变的大国兴衰史》《枪炮、病菌与钢铁:人类社会的命运》(由于快递不通,因此推荐学生使用"微信读书"等网络阅读平台阅读)——及一些网络视频资料(也鼓励学生自行通过网络查找相关资料),要求学生选择一种历史上曾出现过的传染病进行梳理、研究,并通过互联网进行展示,具体要求如下。

1. 网络展现方式

① 通过互联网展示自己的手绘小报。

② 通过互联网上传自己录制的小视频（2~3分钟），自己或者与父母一起讲解，或者采用制作动漫的形式。

2. 内容要求

以下内容选三点分析即可，也可以从其他的角度分析。

① 你所选定的传染病的名称，此病产生的原因及当时的历史背景。

② 抗击疾病中有哪个或哪些让你印象深刻的人物或事迹。

③ 此疾病的破坏性或造成的结果，对历史的发展进程产生了什么影响。

④ 给你的启示及给后人的教训。

3. 提交方式

① 网络小报——拍照上传至 QQ 群的作业提交中。

② 网络视频——发到老师的 QQ 邮箱。

(二) 实践活动作业的成果展示

学生对网络资源相关信息进行搜索、阅读、归纳和整理，并基于此独立思考和分析的过程中，笔者也实时地利用微信、QQ 的语音或视频通话功能指导学生学习，并及时通过网络进行互动、解答疑惑。

学生分别针对黑死病、鼠疫、天花、西班牙流感、非典、新冠等历史上出现过的传染病，从疾病起源、疾病对当时社会和历史走向产生的影响、对后世的启示等方面做了历史学科视角的研究，以下展示一些优秀作品。

1. 网络视频解说类优秀作品

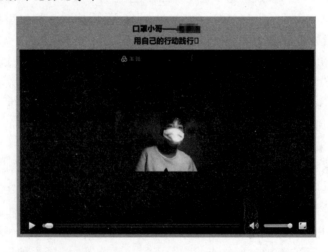

2. 网络手绘小报类优秀作品

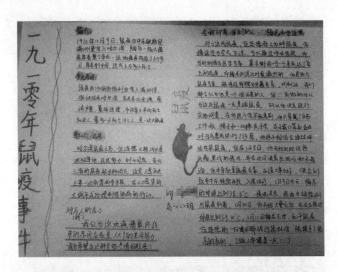

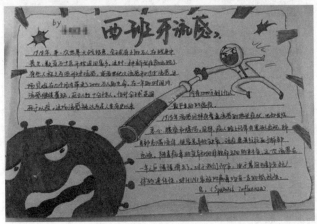

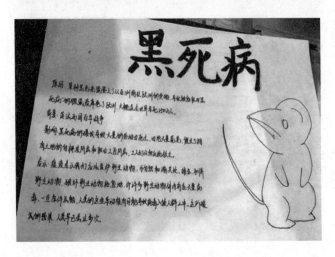

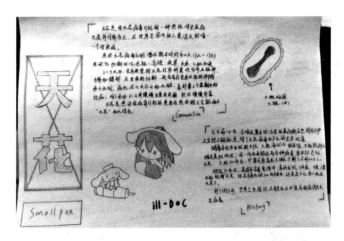

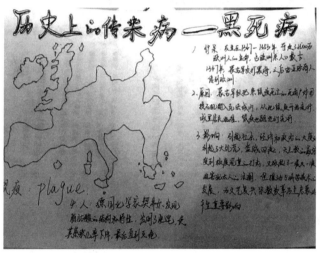

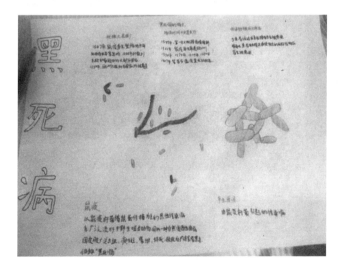

3. 网络展示 PPT 课件类优秀作品

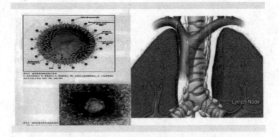

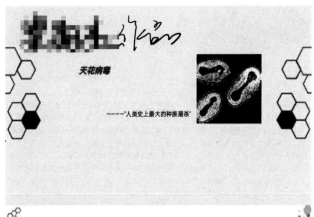

来源：

· 天花刚开始也许只是家畜身上一种相对无害的痘病毒，经过逐渐进化和适应后才形成了天花这种人类疾病。而在往后，人们逐渐发现了类似牛痘感染人类的偶然情况。天花这种致命的适应过程可能发生在人类进入农业时代之后，人们开始驯养新的动物，并和动物生活在一起，而且常常挤在同一所房。天花也可能起源于人类与野生动物的接触，这就像今天中非地区的少数人被艾滋感染一样。

爆发历史

最早有纪录的天花发作是在古埃及。公元前1156年去世的埃及法老拉美西斯五世的木乃伊上就有被疑为是天花皮疹的迹象。

15世纪末，欧洲人踏上美洲大陆时，这里居住着2000-3000万原住民，约100年后，原住民人口剩下不到100万人。欧洲殖民者把天花患者用过的毯子送给了印第安人。随后，瘟疫肆虐

1820年代，英国发明了预防天花病的牛痘疫苗。天花病患者的死亡率仍高达三分之一。后来，发达国家逐步控制了这种疾病，但非洲农村仍有流行

最后一名轻天花的自然患者在1977年10月26日的非洲索马里出现。一名英国医学摄影师珍妮特·帕克(Janet Parker)在1978年从实验室内染上天花，是全球最后一名患者。

与病毒的斗争

18世纪70年代，英国医生爱德华·詹纳发现了牛痘，
人类终于能够抵御天花病毒，
此病在随后300年周多次在欧洲卷土重来，
后世学者估计，共有多达2亿人死于这场瘟疫。

1967年开始，进行最后一次大规模消灭天花的活动。现在，天花病的病毒只保留在以下两个实验室中，即美国亚特兰大的疾病控制和预防中心(CDC)，以及俄罗斯新西伯利亚的国家病毒学与生物技术研究中心(VECTOR)，以供研究之用。

- 每4名病人当中便有一人死亡，而剩余的3人却要留下丑陋的痘痕天花，几乎是有人类历史以来就存在的可怕疾病。在公元前1000多年前保存下来的埃及木乃伊身上就有类似天花的痘痕。曾经不可一世的古罗马帝国相传就是因为天花的肆虐，无法加以遏制，以致国威日蹙。若干世纪以来，天花的广泛流行使人们惊恐战栗，谈"虎"色变。846年，在来自塞纳河流域、入侵法国巴黎的诺曼人中间，天花突然流行起来了。这让诺曼人的首领为之惊慌失措，也使那些在战场上久经厮杀不知恐惧的士兵毛骨惊然。残忍的首领为了不让传染病传播开来以致殃及自己，采取了一个残酷无情的手段，他下令杀掉所有天花患者及所有看护病人的人。这种可怕的手段，在当时被认为是可能扑灭天花流行的唯一可行的办法。但是天花并不会宽容任何人，它同样无情地入侵宫廷、入侵农舍，任何民族、任何部落，不论爵位、不论年龄与性别，都逃脱不了天花的侵袭。在欧洲曾经有一个国王的妻子患了天花，在临死前她请求丈夫满足她最后的愿望，她要求：假使全体御医不能挽救她的生命，那么就将他们全部处死。皇后终于死掉了，于是国王为了皇后的愿望便下令把御医全部用剑砍死。

- 英国史学家纪考莱把天花称为"死神的忠实帮凶"。他写道："鼠疫或者其他疫病的死亡率固然很高，但是它的发生却是有限的。在人们的记忆中，它们在我们这里不过发生了一两次。然而天花却接连不断地出现在我们中间，长期的恐怖使无病的人们苦恼不堪，即使有某些病人幸免于死，但在他们的脸上却永远留下了丑陋的痘痕。病愈的人们不仅是落得满脸痘痕，还有很多人甚至失去听觉，双目失明，或者染上了结核病。"18世纪，欧洲蔓延天花，死亡人数曾高达1亿5千万人以上。甚至更多。在人类历史上，天花和黑死病、霍乱等瘟疫都留下了惊人的死亡数字。最早有纪录的天花发作是在古埃及。公元前1156年去世的埃及法老拉美西斯五世的木乃伊上就有被疑为是天花皮疹的迹象。最后有纪录的天花感染者是1977年的一个医院工人。1979年10月26日世界卫生组织宣布人类成功消灭天花。这样，天花成为最早被彻底消灭的人类传染病，同时，人类对天花的了解也是最少的。

武汉加油

世界上很多次灾难始于战争。据不完全统计，第一次世界大战持续了4年3个月，参战国家33个，卷入战争的人口达15亿以上。战争双方动员军队6540万人，军民伤亡3000多万人，直接战争费用1863亿美元，财产损失3300亿美元。

当然，这次的新冠状病毒并不源于战争，而是因为人们破坏了规则，做了一些不该做的事情，破坏了大自然的平衡，牵扯了许多无辜的人

· 在西班牙流感和新冠状病毒中，我们应该学会这三点一、保护地球，人类不是主宰

· 虽然现在还没找到病毒的中间宿主是谁，但是大多数人还是相信是从野生动物（蝙蝠等）而来。华南海鲜市场现已关闭，但却关闭不了病毒的入侵，也关闭不了人心的黑暗。野生动物就真的那么好吃吗？为什么偏要吃野生动物，这次真的是一个血的教训。然而引发瘟疫的也只是那些吃得起野生动物的人，其他的我们何罪之有？野生动物又何罪之有？或许地球妈妈只是想告诉我们和平相处，人类不是主宰，我们应该保护地球，爱护地球，和谐而共处才是王道。

·二、人类是渺小的

·有人可能会说，人虽然有些不足，可是我们会创造啊。我们自己不会飞，就发明了飞机；我们不会打地洞，就发明了地铁；我们无法自由出入大海，就发明轮船潜艇；我们跑步不够快，就发明汽车。然而，这一切在自然面前，又算得了什么呢？

一场地震，可以摧毁整座城；一场海啸，可以卷走造成巨大的破坏；一种病毒，可以夺走无数的生命。此次的冠状病毒疫情就是如此。病毒，你肉眼看不到，双手摸不到，可它一出现，就造成巨大的伤害。

所以，人必须要心存敬畏，敬畏自然，敬畏规律。只有心存敬畏，才知道什么该做什么不该做，才能保持谦虚谨慎的心态，才能更好地保全自己。

三、病毒无情，团结致胜

冠状病毒在侵害人类时，不会有所选择。不会因为你身份高贵或普通就放过你。病毒是无情的，它对付的是我们所有人！"

要战胜冠状病毒，仅仅靠我们其中的一部分人是不行的，需要我们紧紧团结在一起，拧成一股绳。从病毒肆虐时十天建成的火神山医院和雷神山医院，工人们不畏病毒日夜奋战；医院护士年人争分读秒，战斗在第一线；也有明星捐款捐物资；房东为无法工作的工人免租；或普通的我们不串门不聚众，也是为战胜病毒贡献自己的一份力等等。

天时不如地利，地利不如人和。让我们紧紧围绕在国家的周围，听话照做，通力配合，一定可以取得抗击冠状病毒的全面胜利。

(三) 网络教学实践活动后续呈现

学生将网络作品上交后,通过搜狐新闻的高考信息平台、美篇网站、学校微信公众平台相继推送了学生作品的网络推文——《审视历史,守望武汉更美好的明天》。在这次网络研究性学习中,学生的自信心、成就感得到了极大的鼓舞,学生通过网络学习的积极性也得到了增强,学生也了解了古今中外人类与传染病斗争过程中所体现的信心和勇气,当下我们国家和政府采取的强有力的措施是切实有效的,虽身在武汉疫区,但能更加客观、冷静地看待此次疫情,坚定了战胜疫情的信心。

以下为相关文章链接:

① 搜狐新闻的高考信息平台:http://3g.k.sohu.com/t/n429782333?showType=。

② 学校微信公众平台:https://mp.weixin.qq.com/s/mgepziW2onDQ2QfuKD7uig。

③ 美篇平台:https://www.meipian3.cn/2pw29fhe?first_share_uid=2740026&from=timeline&share_depth=2&share_source=singlemessage&share_user_mpuuid=2ef9089e0e03f8f7f481821464e34c8f&sharer_id=ojq1ttOQMbohWLgEKaXLKCuASnk&user_id=ohbsluDWNvf4qj0xWHIcGwXQkQIY。

(四) 本次网络教学实践活动的评价方式及反馈

1. 网络教学实践活动的评价原则及理论依据

《2017版高中历史课程标准》提倡,教学要尽可能利用互联网的资源共享和交互功能,引导学生体验基于互联网的开放式学习,改变传统教学中教师过度依赖教科书、过度重视知识记忆的学习方式。教师要不断探寻现代信息技术下的历史教学方式,如运用现代信息技术模拟历史情境使学生进行体验学习,利用网络资源进行项目学习,使学生自主探究和解决问题,运用大数据、云计算、"互联网+"等开展多样化的探究学习、专题研讨等。本次网络教学实践活动就是一次对新课标的践行和尝试。

同时,在评价方式上,还提倡历史教师运用现代信息技术进行教学评价,包括教师对学生的评价、学生之间的互评和学生自评,从而使评价更具有即时性、互动性、针对性和指导性。教师可以通过网络对学生的学习过程和学习成果进行动态的、实时的监控与评价,及时对学生进行指导和帮助。

2. 网络教学实践活动评价方式及平台

基于以上理论的指导和要求,在本次活动的评价评比方式上,我没有采取传统的教师主导的评价方式,而是利用网络平台采用网络互评他评、过程性评价,最广泛地发动学生、家长、其他学科教师,依托"问卷星"统计平台,让学生、家长、其他学科教师给自己心目中优秀的作品投票。

网络教学成果评价的维度和标准包括:对史料的引用是否规范、视觉效果是否美观(图文并茂、构图合理)、逻辑是否清晰(视频类的要求语言表达顺畅,手绘小报类的要求层次分明、层层递进)、个人见解是否鲜明恰当等。

所设计的调查问卷如下所示(由于篇幅比较多,因此只给出网页截图)。

"审视历史对传染病的历史研究"作品投票活动

3. 评价结果

为了肯定学生的参与热情、鼓舞学生的学习积极性,最终的评价结果并没有采用排名或一、二、三等奖的形式来展现,而是评出最佳创意奖、最具学术精神奖、最佳设计奖、最具潜质奖等,力求奖项对学生的全覆盖,并利用微信中的"班级小管家"小程序制作电子奖状,并在班级群中进行"云"颁奖。

三、本次网络教学实践活动的收获与反思

（一）本次网络教学实践活动的收获

① 新课改的教育目标是立足于"立德树人"，因此求学只是学生人生的起点，学生的未来需要建立在完整、健康的人格之上。本次活动的目的就是引导学生关注生活、关注社会、以史为鉴，基本达到了活动目标。

② 本次活动将德育教育与学科教学相结合，用多种方式展现学生的综合素养，让学生在活动中增强自信心、提高自我效能，为后期的历史学科学习奠定较好的兴趣基础。

③ 在活动中，无论是教师还是学生的学术研究能力都得到了一定的提高，规范了方法，明确了方向。

④ 推进了"家校共育"工作。家长的参与贯穿活动的始终，从指导到最终的评价，都邀请家长们积极参与，因此家长看到了孩子努力的过程、成果呈现时的喜悦，也看到了学校和老师的指导与付出，使得家校关系更加紧密、互信。

（二）本次网络教学实践活动的反思

① 培养学生利用互联网进行学习的能力。本网络教学案例中所涉及的是高一年级学生，学生利用互联网进行学习的能力还处于不太成熟的阶段，因此，在后期的教学中，要加强对学生文章、文献阅读的指导，提高学生通过互联网搜集整合资源的能力。

② 完善教师自身网络教学的学术素养和研究能力。中学教师大多投于一线的教学实践，在本次活动中，笔者感受到了自身学术素养和研究能力的欠缺，因此，在后期的工作中，老师们要多运用中国知网、万方数据库、维普数据库、中国国家图书馆等网络学习资源搜集和学习相关教育教学理论和技术。

③ 积极参与网络教学教研活动。特殊时期无法进行线下面对面教研交流，但这段时期，我也广泛地利用网络学科教研群，如 QQ 学科群、微信学科群，与全国各地、各省市历史教师交流探讨教学经验，扩展了学生和教师的视野，提升了自身的教育教研水平。

④ 促进信息技术与教学的深度融合。在教学过程中，使用微信、QQ、钉钉等网络平台进行直播教学、辅导答疑，在运用现代信息技术进行历史教学时，向着以学生为主体的自主学习、合作学习和研究学习转化，实现学生学习的个性化、交互化和拓展化。在教学评价体系方面，利用网络信息技术综合发挥检测、诊断、激励、引导和反馈等多方面的功能，注重过程性评价与结果性评价相结合、他评与自评相结合，使教、学、评相互促进，共同服务于学生核心素养的发展。

⑤ 家校共育，与家长一同做教育的合伙人。疫情期间，由于长时间在家的网络学习，家长与孩子之间容易产生矛盾，因此，老师和家长要多关爱孩子，多支持和鼓励，培养孩子的自信心。学校和老师可以利用网络信息技术手段，多方面搭建平台，营造家长和孩子共同进步的氛围，让孩子和家长能够更和谐地相互理解。

教之导之,自求得之
——八年级物理线上教学课后交流辅导

武汉海淀外国语实验学校　　方　盼

一、案例背景

线上教学期间,由于面对的是一群看不到、摸不着的学生,因此前期工作遇到了极大的挑战,其中,课后作业的落实成为一个特别棘手的问题,尤其是对学习自觉性比较差的学生而言。

一开始,我的做法比较简单,就是让家长把孩子作业拍下来发到物理学科家长群,我改完后再返发到群里,大部分家长在收到我批改的作业后会及时让孩子订正,然后再发给我看。对于错得比较多的题,我会及时整理,并准备一些反馈练习,晚自习答疑的时候再进行评讲和巩固训练。在家长的配合和督促下,学生作业落实的效果还是很好的。但是一个星期后,问题出现了,有家长反映天天督促孩子学习的压力太大,所以要求减负。

于是,我就采用了学校建议的 QQ 群作业功能,学生自己上交作业图片,然后自己查看批改后的作业以及我留下的评语,这样的模式为我和家长都减轻了不少负担。但是问题又出现了:一些自觉性比较差的学生还是不能按时交作业,甚至不交作业,有时即使上交了,也是敷衍了事,时常提醒也催不来一份合格的作业,更别说在收到批改的作业后主动订正了。这样的情况持续一个星期后,我陷入了焦虑。

所以,接下来,我便想方设法寻找让每位学生认真高效落实课后作业的路径,努力让学生在做作业这件事情上变得积极主动起来。

二、个案路径描述

付同学是典型的学习自觉性不强的学生,在班上也很有"名气",因为他的不端正的学习态度和习惯,上学期我还与他"结了仇",气得我一个星期没理他,正好那个星期我又请了几天假,班上的同学便吓唬他说:"方老师被你气病了。"后来听说他因为这件事情还惶恐了一段时间。虽然他的学习态度的确存在一些问题,但不可否认的是他确实适合学理科,理科思维非常好,也很有探究的头脑,问题就是缺乏持之以恒的探究精神,所以一直以来我对他十分关注。但他很多时候都是看心情学习,有时候还蛮不讲理,所以我一直"恨铁不成钢"。

本学期疫情之下的特殊教学对他的自制力更是一种挑战。一次课堂提问,他好久才开麦回答,而且支支吾吾的。下课后我私下给他发了信息,他也只是回了我一个表情,实际情况并无好转,除了上课不认真之外,我当天已经布置的作业也不知道,说实在的,一开始我对他没多大耐心,于是也没再追究下去。

直至开学半个月,即 2 月 25 日,他还是处在一个迷糊的状态。上交的作业不仅错得多,还偷工减料,但改完后我依旧给他语音留言,语音内容更多的是理解、包容和鼓励。

过了两天,即 2 月 27 日,当批改到他的作业时,发现他的作业做得一塌糊涂,我很气愤,把最近对他所有的不满都发泄出来了,于是我就在作业的语音留言中说道:"我说你是故意的吗？你这作业做的是什么？我看都看不懂,我怎么改,你让我怎么改,我改不了,必须重做……做题要把题号标好,对号入座。安下心来好好重做,我等你！"可之后他并没有主动交给我,我想再这样下去他这个学期的物理算是要"废"了,因为当时是学习力学的关键时期,前期学不好,后面更艰难。

其实,以他的头脑听懂这些课并不是难事,于是当天我便去找他了解上午上网课的情况,他的反馈是:"老师我也不知道,上网课听不进去,还容易忘。"与此同时,我也联系了他的妈妈,希望从她那里可以得到帮助,我发了多条语音,想跟她好好交流下。我首先客观反映了孩子近期的学习情况,肯定了孩子学物理的能力,同时指出网课模式让孩子很不适应,希望她能花时间督促孩子听课,然后从主观上表达了我对孩子的期望,但是她并没有想与我进一步聊下去的意思,似乎并不重视此事。之前从班主任处了解到她管不住孩子,对孩子的学习也没有办法,上学期也与她进行了多次交流,但并没有什么效果,看样子这条路是行不通了。

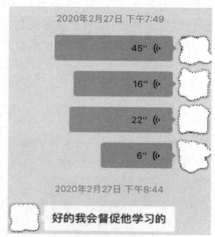

就在感到毫无办法的时候,我突然想起俄国教育家乌申斯基所说的一句话:"人类教育最基本的途径是信念,只有信念才能影响信念。"对于付同学我是不会放弃的,所以,我决定还是从付同学身上着手,用自己不放弃的信念去改变他。

首先,针对付同学上课容易发呆的情况,我建议他上课要及时记笔记。2月28日上午刚上完网课,我就提醒他把笔记发到物理小群,但他最终还是没有发,可想而知,他没按照我说的记笔记。而且当天的作业仍然没有起色,连题目都找错了,做的不是我发在群里的作业,问他后他才交代是在网上找的《勤学早》文档,他没想到网上的版本跟我发的不一样,所以做的作业也就不一样了。这种情况只能说明一个问题:在网上找《勤学早》,顺便找到对应的答案。就在我思考要如何"处置"他时,他不小心把跟其他同学聊游戏的内容发给我了。当我看到这些内容时,内心有想要发脾气的冲动,但冷静下来后又觉得这是意料之中的事情,因为早有耳闻他玩游戏成"瘾",而且班上绝大部分的学生都在玩,这也是目前我们老师无法掌控的一个问题,所以我就没有发作了。转而一想,既然他对游戏感兴趣,我不如借此机会和他聊一聊。

我:"你在和谁聊游戏呢?"

付同学:"郑同学。"

我:"哦,我猜你游戏应该玩得挺好的,因为你反应够快,这个在课堂上就有所体现。"

付同学:"还行,老师玩游戏吗?"

我:"我不玩,但也不反对玩。之前你说上网课容易发呆,所以作业做不好,那你觉得近期上课和做作业受游戏影响吗?"

付同学:"有点吧。"

我:"我想多少会受影响,我并不是不让你玩,只是时间上要把控好,在游戏上投入过多的时间和精力,那么用在学习上的精力自然就少了,所以才会不集中,以至于做作业时也是稀里糊涂的,你说是吧?"

付同学:"嗯嗯,抱歉!"

付同学:"作业我马上补!"

我:"好的,那赶紧补起来哈,有问题随时问我。"

付同学:"谢谢老师了。"

后面付同学也信守承诺把前天的作业补发给我了,而且,令人欣慰的是,第二天的作业有了些起色,为了鼓励他,我给了他一个"A",这是他本学期作业的第一个"A",并且给他留下了文字表扬。

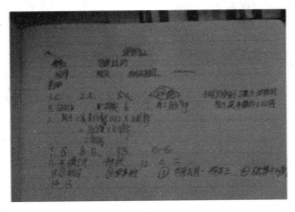

这次作业有很大进步,加油?希望物理能成为你的优势学科,加油!

接下来的一段时间,付同学的作业一直维持在比较好的状态,每天很规矩地按时完成作业,作业质量相对之前也有很大进步。直到3月9日,在批改作业时,我发现他的情况又不太好,我实事求是给了他B级评价,但是我给他留下了这样一段语音:"最后一题答案有两个,一个是你已经写出来的,非常好,还有一个答案应该是'弹簧测力计静止便于读数',在这里我特别要表扬你的实验题,做得非常好。"我的评价里没有指出他上部分题目做得不好,因为这部分都是一些受力分析类的题目,是有点难度,而且他的情况刚有好转,我也不想打击他的积极性。

3月10日上午,付同学主动给我发了一条信息:"老师,我觉得网课听不大懂,而且掌握得不好,加上自己有点容易发呆,所以就这样了。"这实在是个意外之喜,由此可见,他根据我昨天的作业评价反思了自己的不足,意识到自己在受力分析方面学得不好,于是我回复他:"受力分析这部分内容本来就比较难,而且才学不久,还没来得及专题巩固,所以这次做得不好是很正常的,不必沮丧。明天上午会有一节受力分析专题课,好好听,加油哦!"

  3月11日上午的课程就是"受力分析的专题",所以当天的作业我就布置了相关的习题。在批改付同学的作业时,我发现他的作业做得很不错,最难得的是他在提交的作业里给我留言了,内容是:"老师,我这次尽力了,不知道怎么样。"当看到这段文字时,我的内心感到非常欣慰和开心,就像是一个原本打不开的宝盒突然被我打开时的心情。因为从他的留言里我不仅读出了他对作业的认真,还感受到了他对我的尊重。于是,我给他留下了这样一段话:"不错呦,小付崛起了呀!对了,第七题重力的作用点要挪到重心上,第九题摩擦力的作用点也要挪到重心上。"事后我又立即把标准答案发给他,他看到答案后也立即给了我回应,说要把答案记在本子上。对于他的积极主动,我趁机想和他有进一步的交流,于是我给他发了一道题的讲解文字,后面我们就顺其自然地有了更多知识上的交流。

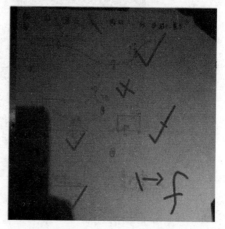

  教育是一个持久的过程,一两次的转变并不能说明问题,所以在后面的学习中,每次批改完作业后,我会坚持争取用语音或文字给付同学点出一道或两道题的问题所在,他在接收到我的消息后会及时回应,并且按照我的要求去做。

  3月23日,我们开始进入"压强"这章的学习,从这一章开始,后面都会涉及计算,而且越到后面难度越大。针对我们班的班级特点——怕计算,我开始跟一些学生做思想工作。在当天的作业里,我给付同学留下了一段语音,内容是:"从现在开始,我们将会陆续迎来各种计算题,这可是你的强项哦,加油!"从上学期的情况来看,他在计算思维方面的确有优势,但由于他的粗心和懒散,每次的计算题做得并不怎么样,所以借此机会,希望能激发他的特长。

3月30日,当天的作业计算内容比较多,而且我还布置了一道选做题,难度有点大。付同学在这次作业中又得到了一个"A",更难得的是,最后一道选做题全对,我在作业评语里表扬了他。说实在的,我一开始还有点怀疑他是不是参考了其他答案,但接下来发生的事情打消了我的疑虑,他收到我批改的作业后,立即给我发了一条消息,内容是:"最后一题是选做吗?我写了20分钟,我以为是一套题,没有选做。"我回复说:"做得相当好,不过其他小题有点惨。"他又立即回复说:"晚上做完作业我去看看。"要知道物理作业时间总共才40分钟,而他却愿意花一半的时间来攻克一道难题,从这个状态来看,他对学习越来越有激情了。

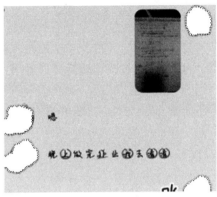

回想之前他对作业的敷衍,再对比现在的认真,我为他能学到更多知识而感到欣慰。到目前为止,他都维持在一个比较好的状态,或者说状态越来越好,就在刚刚他又给我发了信息问:"今天的作业没有坑吗?"看我没有及时回复,又贴心地问道:"是不是我的字体看不清,我换一个字体。"于是我回复说:"今天的题都比较直接,没有坑,所以呀,更要做对了。"接着我如往常一样要把答案发给他,但是他却拒绝道:"不用了,我去想想就知道了,多想想再看。"看到这段话,我真是深感欣慰!

三、案例总结

如以上案例所描述的,解决学生课后作业的问题时,我的路径是:首先,与学生进行一对一的督促,督促他正常交作业;其次,抓住学生的作业特点进行有针对性的夸奖和鼓励,与此同时,抓住机会主动与学生进行学习上的交流;长此而往,最后,学生在作业方面就变得积极主动起来。

德国教育家第斯多惠曾经说过:"教学的艺术不在于传授本领,而在于激励、唤醒和鼓舞。"我们班上有35名学生,我对每一名学生都会有这样一对一的交流和鼓励。网课的一个最大的弊端就是我们看不到学生,没有办法随时掌控他们的学习动态,一

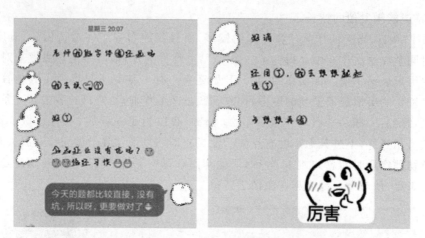

天一节答疑课下来,与大部分学生都是零交流。这让我的心里很不踏实,总觉得少了些什么,所以我每次批改作业后会通过语音方式给他们留言,这样不仅能让他们更容易记住所强调的一些知识点,还能让他们感受到老师对他们的关注和关心。

以下是我与班上六位比较有代表性的学生交流互动的记录。

黄同学和徐同学是班上的优等生,他们遇到学习上的问题时一般会主动找我,有独立思考和自主学习的能力,所以问问题的频率也比较高,完全不用我操心,我需要做的就是为他们答疑解惑。

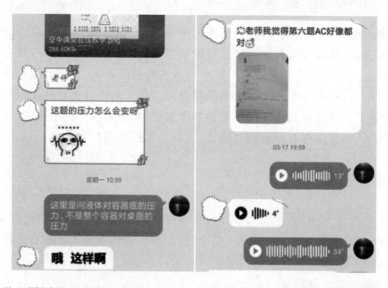

郑同学和周同学是班上的中等生,在物理学习上偶尔也会名列前茅,但不够稳定。这也体现在我们的聊天频率上,也是不稳定的,他们有兴致了才会主动问我问题,但他们有一个很大的优点,就是只要是老师布置的任务,一定会按要求完成。所以我需要做的就是多主动联系他们,并根据教学情况适当地对他们提一些更高的要求。

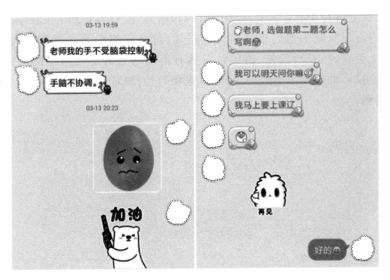

陈同学和袁同学是班上的学困生,学习态度是比较端正的,但是学习习惯和方法不太好,而且从某种程度上来说,很难跟上上课的步伐。所以我需要做的就是多主动联系他们,给予更多的鼓励和帮助。

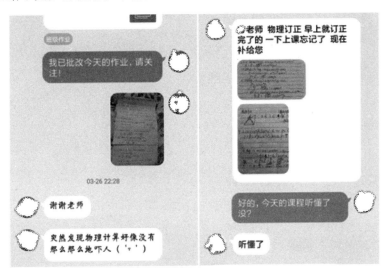

四、结语

中国教育家叶圣陶说:"教师当然须教,而尤宜致力于导。导者,多方设法,使学生能逐渐自求得之,卒底于不待教师教授之谓也。"在这段时期的教学中,我利用一对一窗口交流,有目的地引导、激励学生自主学习,最终达到让学生"喜欢学""会学"的目的。虽然在这个过程中我需要花很多的时间和精力,但每当看到学生在学习上有所进步时,我的内心深深地为他们感到骄傲。同时,我自身的专业素养也得到了锻炼,例如,我对学生更有耐心了,此外,由于针对具有不同特点的学生用不同的方式讲解习题,我的讲题技巧也得到了很大的提升,最重要的是,教育过程带给了我无法言喻的成就感和幸福感。

网课"3+1"
——抓课前,重课中,检课终,课后总结思想通

武汉海淀外国语实验学校　　肖山虎

为响应教育部疫情防控期间"停课不停学"的要求,武汉海淀外国语实验学校九年级物理备课组特制定疫情期间教学工作方案,利用线上优质教育教学资源,分层次、分类型、分步骤开展线上教学,努力探索教育教学新方式,做到"停课不停教",确保线上教学质量。

首先,抓课前。为了在教学中做到心中有学生,教学设计有依据,我们需要走到学生中去,了解学生的真实认知状况,以细致的课前测来加强教学活动设计的实效性。课堂是由教师设计并负责组织施教的,教师在课上的自主权要比学生的自主权大得多,基于此,开展课堂课前测,能够很好地了解学生的发展需要和已有经验,也就是了解学生的知识掌握情况,这样才能从学生实际出发,让学生开展饶有兴致的学习。选择适当的检测方法,从而切实可行地思考更符合学生认知发展规律的教学策略,才能更好地提高课堂教学的效率。所以,选择合适的课堂课前测方式对于提高线上教学的有效性起着至关重要的作用。利用"空中课堂"里的考试功能,一上课就对学生进行课前测(3分钟完成5道选择题),测完立即向学生公布答题情况,并在课后把这次的测试结果反馈给家长,让家长及时了解孩子的学习动态。这样做的好处有三:其一,能让学生一上课就能调整状态投入学习;其二,能检测学生对上节课知识的掌握情况,回顾知识加深理解;其三,能让老师针对学生的知识掌握情况对这节课的教学进行一定的调整。

其次,重课中。新课的教学尽量全程让孩子们的注意力集中在老师的讲课上,是一节课成功的关键,我的做法是每讲一个知识点都要设计几道经典的题目,并且要求每一位学生都积极回答,对积极参与的学生要给予肯定,不要吝啬表扬。孩子回答正确就夸他思维敏捷,如果回答错误就夸他积极回答问题,这样做一方面能活跃课堂气氛,另一方面也能让学生的注意力集中在课堂上。课后还要及时把课上回答问题的情况反馈给家长,和家长做好沟通工作。

再次,检课终。出门测可以迫使孩子上课认真听讲,因为出门测的内容基本上都是课上讲的内容,课后小测试不会说不过去。出门测的好处在于:一是给孩子们上课必须认真听讲的压力,因为不会做就得单独花时间等着老师的补习;二是便于老师课后总结提升,改进教学方法;三是对老师和家长的沟通而言,如果每次课后老师只对家

姓名	考试用时	平均正确率	题目名称
康	3分19秒	80%	光，在凸透镜另一侧15 cm处的纸上出现一个最小、最亮的光斑，将一个物体放在该凸透镜主光
轩	3分19秒	80%	光，在凸透镜另一侧15 cm处的纸上出现一个最小、最亮的光斑，将一个物体放在该凸透镜主光
理	3分19秒	80%	光，在凸透镜另一侧15 cm处的纸上出现一个最小、最亮的光斑，将一个物体放在该凸透镜主光
荣	3分19秒	80%	光，在凸透镜另一侧15 cm处的纸上出现一个最小、最亮的光斑，将一个物体放在该凸透镜主光
浠	3分19秒	80%	光，在凸透镜另一侧15 cm处的纸上出现一个最小、最亮的光斑，将一个物体放在该凸透镜主光
洋	3分19秒	80%	光，在凸透镜另一侧15 cm处的纸上出现一个最小、最亮的光斑，将一个物体放在该凸透镜主光
明	3分19秒	80%	光，在凸透镜另一侧15 cm处的纸上出现一个最小、最亮的光斑，将一个物体放在该凸透镜主光
宁	3分19秒	80%	光，在凸透镜另一侧15 cm处的纸上出现一个最小、最亮的光斑，将一个物体放在该凸透镜主光
棨	3分19秒	80%	光，在凸透镜另一侧15 cm处的纸上出现一个最小、最亮的光斑，将一个物体放在该凸透镜主光
曦	3分19秒	80%	光，在凸透镜另一侧15 cm处的纸上出现一个最小、最亮的光斑，将一个物体放在该凸透镜主光
语	3分19秒	80%	光，在凸透镜另一侧15 cm处的纸上出现一个最小、最亮的光斑，将一个物体放在该凸透镜主光
桓	3分19秒	80%	光，在凸透镜另一侧15 cm处的纸上出现一个最小、最亮的光斑，将一个物体放在该凸透镜主光
清	3分19秒	80%	光，在凸透镜另一侧15 cm处的纸上出现一个最小、最亮的光斑，将一个物体放在该凸透镜主光
涅	3分19秒	60%	光，在凸透镜另一侧15 cm处的纸上出现一个最小、最亮的光斑，将一个物体放在该凸透镜主光
为	3分19秒	60%	光，在凸透镜另一侧15 cm处的纸上出现一个最小、最亮的光斑，将一个物体放在该凸透镜主光
澜	3分19秒	100%	光，在凸透镜另一侧15 cm处的纸上出现一个最小、最亮的光斑，将一个物体放在该凸透镜主光
芹	3分19秒	100%	光，在凸透镜另一侧15 cm处的纸上出现一个最小、最亮的光斑，将一个物体放在该凸透镜主光
溪	3分19秒	100%	光，在凸透镜另一侧15 cm处的纸上出现一个最小、最亮的光斑，将一个物体放在该凸透镜主光
涵	3分19秒	100%	光，在凸透镜另一侧15 cm处的纸上出现一个最小、最亮的光斑，将一个物体放在该凸透镜主光
洁	3分19秒	100%	光，在凸透镜另一侧15 cm处的纸上出现一个最小、最亮的光斑，将一个物体放在该凸透镜主光
择	3分19秒	100%	光，在凸透镜另一侧15 cm处的纸上出现一个最小、最亮的光斑，将一个物体放在该凸透镜主光
颐	3分19秒	100%	光，在凸透镜另一侧15 cm处的纸上出现一个最小、最亮的光斑，将一个物体放在该凸透镜主光
然	3分19秒	100%	光，在凸透镜另一侧15 cm处的纸上出现一个最小、最亮的光斑，将一个物体放在该凸透镜主光
潘	3分19秒	100%	光，在凸透镜另一侧15 cm处的纸上出现一个最小、最亮的光斑，将一个物体放在该凸透镜主光
均	3分19秒	100%	光，在凸透镜另一侧15 cm处的纸上出现一个最小、最亮的光斑，将一个物体放在该凸透镜主光
宪	3分19秒	100%	光，在凸透镜另一侧15 cm处的纸上出现一个最小、最亮的光斑，将一个物体放在该凸透镜主光
欤	3分19秒	100%	光，在凸透镜另一侧15 cm处的纸上出现一个最小、最亮的光斑，将一个物体放在该凸透镜主光
妍	3分19秒	100%	光，在凸透镜另一侧15 cm处的纸上出现一个最小、最亮的光斑，将一个物体放在该凸透镜主光

志	2020/3/11 9:46	B
志	2020/3/11 9:45	C
志	2020/3/11 9:44	nice
志	2020/3/11 9:43	A
志	2020/3/11 9:40	以防万一先观望一下
志	2020/3/11 9:38	c
志	2020/3/11 9:13	？别坑我
志	2020/3/11 9:13	B
均	2020/3/11 9:46	b
均	2020/3/11 9:45	C
均	2020/3/11 9:44	没看见吗
均	2020/3/11 9:44	发了
均	2020/3/11 9:43	A
均	2020/3/11 9:39	D
均	2020/3/11 9:38	C

长讲孩子这堂课的表现，专业内容家长可能听不懂，总说孩子的学习状态又太空，因此每次出门测的成绩是老师和家长沟通孩子学习状态和情况时最好的内容，家长随时可以清楚地知道孩子在线上学习中的问题，老师和家长就可以基于出门测的成绩展开对孩子的学习问题和解决方案的讨论。具体我是这样做的，在一节课快要结束时对学生进行出门测（3分钟完成5道选择题），测完立即向学生公布答题情况，并在课后把这次的测试结果反馈给家长，让家长及时了解孩子的学习动态。

以上做法是在老师的严格要求下学生的被动配合，怎样才能让学生主动学习呢？还是要从学生的思想工作做起。教学中学生的"反思"是非常重要的，反思是对自己做过的行为再次回顾、再次审视，对自己之前在课堂上的学习思路及结果进行重新梳理，尤其在物理网课的学习中是必不可少的。物理教学的教育观念就是让学生学会反思,并认识反思的重要性。学生在物理学习中获得的智慧离不开反思的启迪,只有学会反思,才能更好地学习物理。一天的学习结束后,抽几分钟让学生反思一下当天的得失,写一段不少于20字的总结,这样孩子们就会自发地思考自己要不要上课认真学习。老师也要及时对孩子们的每一点小改变给予肯定和表扬。例如:"孩子,我喜欢你的进步,为你高兴!""你很认真,继续努力吧!你会做得更好!""这段时间学习状态很好!孩子,你在努力!我能感觉到!"老师的肯定和鼓励会让孩子为了展现一个更加完美的自己,以后做得更好,这样慢慢地培养孩子做事、做人的态度,会让孩子受益一生。

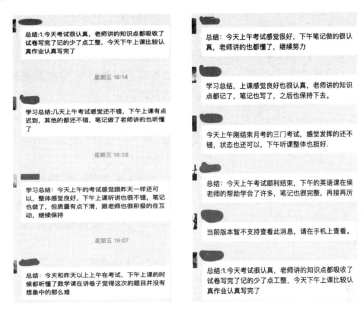

突如其来的疫情不仅挑战了学生的自主学习能力,也挑战了老师的网络教学水平,在互相磨合的这段时间内,老师和学生已经找到了各自的教学和学习方式,相互适应,取得了很大的进步。老师们狠抓教学质量,将"停课不停学"落到实处,把各项教学工作举措落实到位,坚决守好教学阵地。希望以上做法能给老师们一定的帮助。

拥抱现代技术,提高课堂效率

武汉海淀外国语实验学校　罗文凯

新冠病毒的全球蔓延对中国的经济、文化、社会等方面造成了不小的冲击。为响应教育部"停课不停学"的号召,各地老师纷纷开启了线上教学模式。经历了近三个月的教学实践后,我更深刻地意识到现代多媒体技术在教育中的重要性。在此,我将依据自己近三个月的教学实践总结一些比较成功的应用,并将继续在此基础上不断尝试新方法,拥抱现代技术,提高教学效率,构筑高效课堂。

一、以 QQ 为主体的授课平台的确定

在 2 月 10 日正式开课之前,我们就尝试了"空中课堂"授课,随后又在老师之间陆续尝试了 ClassIn、钉钉、QQ 等软件进行线上授课。最后,秉持着"复杂问题简单化,效率减负两不误"的态度,我们最终确定了将 QQ 作为班级管理及班级授课的主体平台,它的优势如下:

① QQ 作为早已成熟的社交工具,基本上每位同学都安装了,利用 QQ 群进行班级管理和线上课程教学工作,可以改善学生和家长在不同 App 间不停切换的焦虑与无所适从,老师在操作上也比较简单,容易上手,进而提高线上教学的效率,达到"各科一盘棋"的目的。

② QQ 群的功能非常强大。在建立 QQ 群时,首先选择群类型为家校群,这样一来,就可以默认添加一些非常便捷的群功能,特别提醒班主任建群后注意及时备注每个学生和老师的真实姓名与身份标签,方便后期管理。

- 群公告功能：重要事情在群公告中发布后，学生一进群便会第一时间收到通知，班主任还可以在后台查看有哪些学生已阅读确认。

- 群文件功能：老师可以利用群文件功能建立对应的文件夹分享课程相关资料，一般来说文件上传之后不会过期，方便学生们进行知识回顾。
- 群接龙功能：老师们每天都会催促孩子们早上起床加入早读，下午及时上课进行线上学习，此时我们就可以使用群接龙功能，设置好每天的要求后，学生们上线后直接通过该功能打卡，免去了群里被打卡"刷屏"而遗漏重要信息的烦恼。另外，如果建立了"班级小助手"，我们甚至可以一次设计一个月的打卡计划，一次设置成功后会自动在群中发布打卡任务，并实时呈现学生打卡的情况，在简化了老师工作的同时也提高了教学效率，缺点是这个功能需要学生使用手机。
- 群作业功能：作业的回收与反馈可以说是线上教学中的重要环节，老师通过群作业功能布置作业后可以实时收到每个学生提交的作业并进行批改反馈。作业批改支持图片、语音、文字等多种形式，同时还有作业评级和优秀作业全班展示功能。教师批改完毕后该功能自动私发对应学生，并能自动汇总每名学生的情况，老师们可以利用电脑版生成 Excel 表格。另外，对于未完成作业的学生，可以实时显示，并有一键提醒功能。

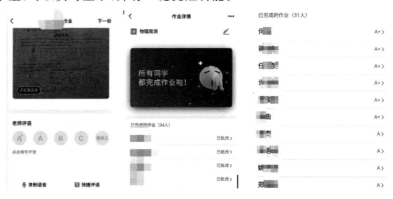

- 线上课程功能:老师的线上课程都是利用QQ通话配合屏幕分享进行的,在这方面QQ没有太多个性化工具,但因为QQ可以实时分享屏幕,相当于给老师们搭建了"舞台",老师们可以自由使用其他软件和功能进行补充。

二、其他软件和功能的补充

PowerPoint:PPT课件的使用相信平时就是各位老师的基本功,线上教学期间我们还可以在放映模式下选择画笔,实现在上课的时候进行"圈点勾画",理科老师对此可谓"爱不释手"。另外,有条件的老师可以外设手写板,这样肯定比用鼠标书写要来得美观。

互动课堂:不是所有资料都能转化为PPT形式,这时要想继续"圈点勾画",可以登录互动课堂。利用互动课堂自带的桌面和软件画面切换键以及画笔按钮,就可以轻松实现在PDF、Word、图片、网页上进行书写。另外,互动课堂的工具选项中附带了计时器、随机挑人、光荣榜等功能,可以提高课堂的趣味性。

问卷星:通过问卷星的考试功能,可以设计课前小测,将老师需要学生掌握的典型例题做成考试链接发在群中。其优势是学生无须下载其他软件,直接点击网址答题即可,而老师也可以在后台实时获得每道题目的答题统计和每位学生的完成情况,便于老师的教学活动开展,另外,排行榜功能可对学生起到一定的激励作用。问卷星还可以作为老师们快速批改选择题的好帮手,通过在考前进行设置,可迅速生成学生选择题的得分情况并汇总在Excel表格中。这里要特别提醒的是,问卷星会在学生提交后自动反馈给学生每题的正确答案,进行小测时这是一个有用的功能,而考试时老师可通过考试编辑选项设置学生只能填写一次、不允许切屏、交卷后不反馈正确答案等来保证考试的公正性。

一起中学：教师和学生分别安装教师版和学生版App，可以实现作业的自动批改评分功能，同时，教师后台还能看到各题正确率、学生完成作业时间，考试时更是能够设置发布和截止时间，可以极大地提高教学效率，让老师可以将更多时间投入个性辅导。但受限于学科特点，主观题无法批改，所以这款软件比较适用于英语科目。

微信小程序"班级小管家"：利用微信小程序"班级小管家"，可以在不额外建群的条件下形成以学生为标签的群体。"班级小管家"除了具有一些与QQ群重合的功能外，还有比较强大的成绩发布功能。班主任只需要设置上传成绩单，家长便能一对一查看到自己孩子每科的考试成绩。另外，因为每次考试成绩都会保存，方便家长纵向比较孩子各科成绩的起伏情况，老师和家长都能更加直观地把握学生的状态。该小程序中还有生成奖状的功能，操作便捷，方便老师在每次考试后对优秀学生、进步学生进行表彰激励。

三、总结

这次疫情导致的线上教学,对我们老师而言既是挑战,也是机遇,我们只有不断探索、不断尝试、不断研究,才能不断利用各种手段构筑高效课堂。不忘初心方得始终,我们要继续奋力前行。

自律才是自由的最高境界

武汉海淀外国语实验学校　　王骞

一、网上教学的背景和困难

庚子年伊始,一场突如其来的新冠疫情完全打乱了我们正常的生活秩序。为了有效防控病毒传播,学校、工厂、交通、餐饮等全部都停教、停工、停业,人们纷纷响应号召足不出户。在这样的环境下,为了保证孩子们的学习,响应教育部"停课不停学"的号召,各级教委推出了空中课堂。但是中学生正处于青春期,既思维活跃,又极易烦躁焦虑,个别学生还厌学或沉迷网络游戏,整日闷在家里,要组织他们上好网课,这对老师们来说无疑是新的挑战。

"停课不停教,停课不停学。"当课堂从传统的"三尺讲台"转到全新的"网络平台",远程教学使师生不仅要"面对面",还要"键对键",一时可能难以接受。传统教学主要是面授,师生零时空距离,教学过程、教学效果都能够得到较好的保证。当前师生教学在远距离的情况下,新的问题不断涌现。怎样实现既定的教学目标,真正让远程教育另一端的学生在课堂上学到知识,在课后落实作业练习,是我们需要深刻思考的问题。

面对新的挑战,老师们心中难免会有些忐忑不安、不知所措。怎样克服这种紧张呢?当然就是积极投身线上教研、教学活动,搭建便捷的教室,探寻师生喜爱的互动方式。往日在教室里"叱咤风云"的老师们虽然是初次接触网络教学这一领域,但是为了保证教学质量,为了让孩子们能在网络的另一端学得有劲,纷纷自我升级,晋级成"直播网红",学习各种直播技能,讲笑话,拼段子,随机连线查考勤,点兵点将答问题,使出浑身解数调动孩子们的积极性。

二、网络教学案例

(一) 案例一

假期是"弯道超车"的好机会,上网课的现阶段更是如此。也许在很多同学眼里,网课不算正式上课,身边没有老师盯着,也没有同学陪伴,一个人盯着计算机、手机听课难免觉得无聊，时不时开小差，玩玩游戏，抄抄作业都不算什么。但是网课也是上课，和在学校上课一样，有老师讲，也需要学生听，稍不留神，知识点没掌握，就要落后别人一大截。自律的孩子将会收获丰硕的果实。

七年级国际班的程同学在上学期期中考试之后由其他学校转入本校学习，因为课程设置上的差异，该同学的物理课程落下了很多，物理成绩一直不太理想，但是该同学没有放弃，一直很努力地想要追上"大部队"。一场突如其来的疫情将下学期的课程从教室搬到了网上，程同学用他的努力向大家证明了自己的能力。程同学在网课期间认真上好每一节课，认真地完成每一次作业，在他上交的作业中有着他的演算过程，虽然作业的书写上不太美观，但是批改作业时我能清楚地看到他的思路，对于错题也能一眼看出他错误的思路在哪里，然后有针对性地给他讲解，让他能够更快地找到自己的薄弱点进行改进。

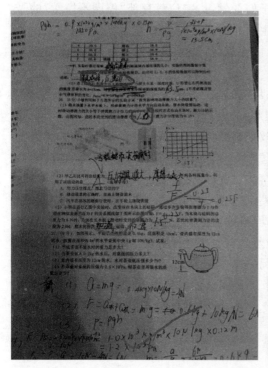

为了让自己更好地掌握课堂上学到的知识，每上完一小节的内容，程同学都会当"小老师"在家里给自己的妈妈再讲一遍，家长也很支持他的做法。就是这样，程同学在第一次月考中物理成绩一举冲到了90分以上，在班级中名列前茅。

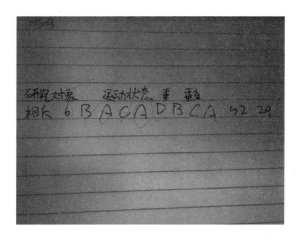

（二）案例二

贪玩是孩子们的天性，网课时期也是部分孩子最容易快速"堕落"的时期。其中不乏一些名列前茅的孩子，他们在家里不够自律，对网上学习的重视度不够，造成了成绩的飞速下滑。

七年级国际班的屈同学在上学期的时候，物理成绩非常优异，每次作业和考试都完成得非常好。但是进入网课阶段后，孩子的成绩出现了较大的下滑，有时候连作业都不交，通过交上来的作业明显可以看出孩子在上课时听讲并不认真，上课时多关注孩子也没有起到太大的作用。

与班主任沟通后，我发现孩子在其他学科上的情况也差不多，为了避免孩子的成绩出现更大的问题，我和班主任一起与其家长进行了沟通，家长对她在家的学习状态也很担忧，但是对处于青春期的女儿也很无奈。好在孩子还是比较懂事的，对于老师说的一些话还是听得进去的，特别是学生本身对物理就比较感兴趣，也比较喜欢我的课，所以沟通之后其学习状态转变很大。之后的学习中屈同学的成绩也开始稳步回升。

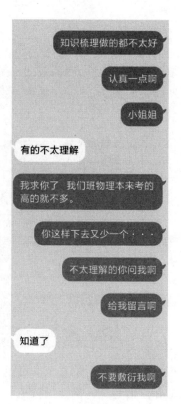

（三）案例三

没有一份成功是可以轻易得到的，苦难过后皆是美好，成绩上每一分的提升都伴随着孩子们辛勤的汗水。不论目前成绩如何，只要肯下功夫，成绩总会有所提升。

汤同学的理科成绩一直是她的难题，作业的情况比较糟糕，对知识点的理解有时候也会遇到困难，刚开始的时候，孩子有时连作业都不能按时上交。在和孩子及其家长沟通之后，孩子开始主动在 QQ 上私信提问，作业也完成得不错，物理成绩开始稳步提升。

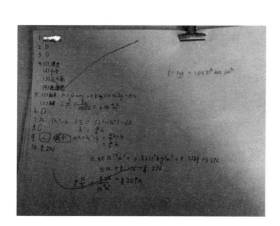

三、总结

肆无忌惮不是自由,自律才是自由的最高境界。在疫情期间,需要通过上网课实现"停课不停学",学生们在这个特殊时期,只有做到该吃的苦得吃,该学的东西得学,一步一个脚印,才能跟上"大部队"的学习脚步。

宇宙航行教学案例

武汉海淀外国语实验学校　　张　翔

我仰望星空，
它是那样寥廓而深邃；
那无穷的真理，
让我苦苦地求索、追随。
我仰望星空，
它是那样庄严而圣洁；
那凛然的正义，
让我充满热爱、感到敬畏。
我仰望星空，
它是那样自由而宁静；
那博大的胸怀，
让我的心灵栖息、依偎。
我仰望星空，
它是那样壮丽而光辉；
那永恒的炽热，
让我心中燃起希望的烈焰、响起春雷。

——温家宝

宇宙从古至今蕴育了人类最纯粹的遐想，探索宇宙是人类一直追求的终极目标，目前我们正在学习的物理内容可以让学生初步了解一些关于宇宙航行的基础知识，拓展学生学习的内容和思维。

一、教学目标

（一）知识和能力目标

① 了解人造地球卫星的有关知识和航天发展史。

② 知道三个宇宙速度的含义和数值,会推导第一宇宙速度。
③ 理解卫星运行的线速度、角速度、周期与轨道半径的关系。

(二) 过程与方法目标

① 在学习牛顿对卫星发射的思考过程的同时,培养学生科学探索的能力,培养学生在处理实际问题时,构建物理模型的能力。
② 通过对卫星运行的线速度、角速度、周期与轨道半径的关系的讨论,培养学生运用知识分析解决实际问题的能力。

(三) 情感、态度与价值观目标

① 通过展示人类在宇宙航行领域中的伟大成就,激发学生学习物理的热情。
② 通过介绍我国在航天方面的成就,激发学生的爱国热情,增强民族自信心和自豪感。
③ 感知人类探索宇宙的梦想,促使学生树立献身科学的人生观和价值观。

二、教学重点

① 第一宇宙速度的推导。
② 卫星运行的线速度、角速度、周期与轨道半径的关系。

三、教学难点

卫星的发射速度与运行速度的关系。

四、教学过程

(一) 导入新课

首先看到课件第一页为一张银河系图片,展现我们所在的太阳系与银河系相比是多么渺小,引起学生内心对宇宙的震撼之情。

通过前面的学习我们已经知道,人类通过站在地球上的观测,认识到了天体做什么样的运动,并进一步弄清了天体为什么要做这样的运动。然而人类并不满足于只站在地球上探索宇宙的奥秘,本节课我们就来学习人类是如何走出地球,飞向宇宙,进行宇宙航行的(线上课程比较方便分享屏幕,可以向学生展示一些航天类的图片,以激发学生的学习兴趣)。

银河系

太阳系及八大行星

介绍土星探测器"卡西尼号"非凡的一生——致敬"卡西尼号"土星探测器,激发学生对宇宙探索的向往。

2017年9月15日,北京时间周五晚19时55分46秒,随着一颗耀眼的火流星缓缓划过土星蓝色的天空、化为一簇璀璨的宇宙烟火,一曲澎湃的太空交响乐终于为它的壮丽终章画上了一笔浓墨重彩的休止符:美国航天局(NASA)旗舰级任务"卡西尼号"土星探测器,在满怀好奇地奔向深空整整20年之后,以主动坠毁的方式,与她深爱的那颗美丽行星,永远地融为了一体……

原文链接:https://www.sohu.com/a/192465782_229429。

"机遇号"火星探测器

"卡西尼号"土星探测器

(二) 新课教学

人类为了能走出地球进入太空,进行了不懈的努力。

1. 曾经的飞天

1957年，苏联发射了第一颗人造地球卫星，开创了人类航天时代的新纪元，紧接着是"个人的一小步，人类的一大步"的1969年美国载人登月计划。我国在20世纪70年代发射第一颗卫星以来，相继发射了多颗不同种类的卫星，掌握了卫星回收技术和"一箭多星"技术，1999年11月20日，发射了"神舟号"试验飞船，2003年10月15日，发射了"神舟五号"（首次载人航天），2008年9月25日，发射了"神舟七号"（首次出舱活动）……此处内容作为课外知识延伸，让学生自行了解有关人类探索宇宙的发展。

2. 人类探索宇宙的理论基础——牛顿的设想

牛顿对人造卫星原理的描绘。设想在高山上有一门大炮，水平发射炮弹，初速度越大，水平射程就越大，可以想象当初速度足够大时，这颗炮弹将不会落到地面，而将和月球一样成为地球的一颗卫星。

要想物体能飞离地球而不落回地面，物体的运动速度必须达到某一特定值，以脱离地球引力的束缚。接下来就需要求出这一速度的临界值，求物体运行速度的理论思想：人造卫星绕地球运行的动力学原因。人造卫星在绕地球运行时，只受到地球对它的万有引力作用，人造卫星做圆周运动的向心力由万有引力提供。根据此思想方法便能求出物体脱离地球时的临界速度。

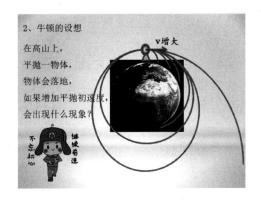

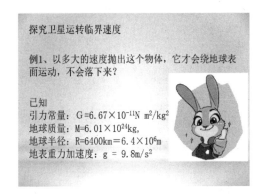

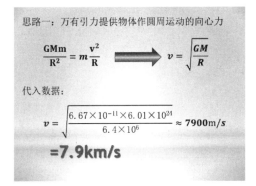
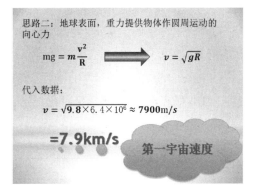

物体脱离地球引力时的最小发射速度就是天体物理学中的"第一宇宙速度"。物理意义:第一宇宙速度是人造卫星在地面附近环绕地球做匀速圆周运动所必须具有的速度,所以也称环绕速度。第一宇宙速度是学生一定要掌握的知识,下面会介绍第二宇宙速度和第三宇宙速度,只需要学生知道速度的数值及对应的物体绕行轨迹,不要求学生会求出第二宇宙速度和第三宇宙速度。

第二宇宙速度。大小:11.2 km/s。物理意义:使卫星挣脱地球的束缚,成为绕太阳运行的人造行星的最小发射速度,也称脱离速度。注意:发射速度大于 7.9 km/s 而小于 11.2 km/s 时,卫星绕地球运动的轨迹为椭圆;发射速度大于等于 11.2 km/s 时,卫星就会脱离地球的引力,不再绕地球运行。

第三宇宙速度。大小:16.7 km/s。物理意义:使卫星挣脱太阳引力束缚的最小发射速度,也称逃逸速度。注意:发射速度大于 11.2 km/s 而小于 16.7 km/s 时,卫星绕太阳做椭圆运动,成为一颗人造行星;发射速度大于等于 16.7 km/s 时,卫星将挣脱太阳引力的束缚,飞到太阳系以外的空间。

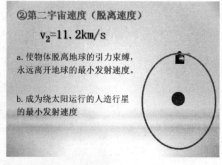

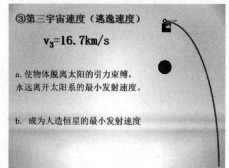

列出总结表格,方便学生对比记忆:

总结:	
发射速度v	运动情况
V<7.9km/s	物体落回地面
V=7.9km/s	物体在地面附近做匀速圆周运动
7.9km/s<v<11.2km/s	物体绕地球运动,轨迹为椭圆
11.2km/s≤v<16.7km/s	物体绕太阳运动
16.7km/s≤v	物体飞出太阳系

作出实物模型图,让相关知识更加直观具体:

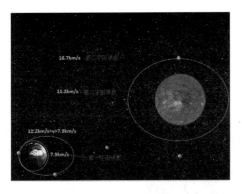

3. 航天科技的应用——人造卫星

① 人造卫星的发射速度:发射速度是指卫星在地面附近离开发射装置的初速度,一旦发射便再无能量补充,要发射一颗人造地球卫星,发射速度不能小于第一宇宙速度。

② 人造卫星的运行速度:运行速度指卫星在进入运行轨道后绕地球做圆周运动的线速度。当卫星"贴着"地面飞行时,运行速度等于第一宇宙速度,当卫星的轨道半径大于地球半径时,运行速度小于第一宇宙速度。

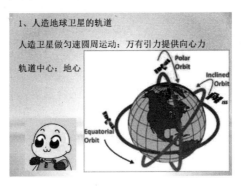

要求学生掌握人造卫星绕地飞行轨道有关数值的计算,以下是人造地球卫星的分析计算方法和运行规律的总结。

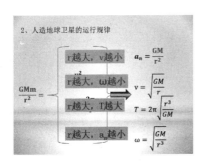
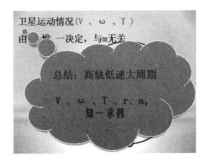

有一类特殊的卫星,即地球同步卫星。所谓同步卫星,是指相对于地面静止的,和地球具有相同周期的卫星,$T=24\text{ h}$,同步卫星必须位于赤道上方距地面高 h 处,并且 h 是一定的。同步卫星也叫通信卫星。下面是对同步卫星规律的总结。

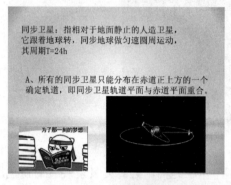

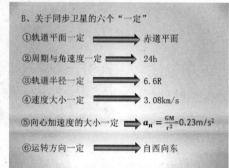

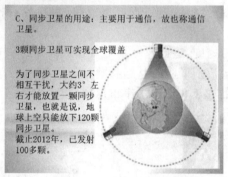

学习了以上知识之后,让学生思考一个问题:能否发射一颗周期为 80 min 的人造地球卫星?

根据所学知识,让学生完成一项关于宇宙探索的拓展作业,目的是激发学生对未知世界的无限遐想和追求,以下是拓展作业课题的要求。

自古以来,宇宙一直就是人类最大的研究课题之一。这个大课题不仅吸引着一批又一批优秀的科学家,使他们耗尽自己毕生的心血和精力,也吸引着每一个"凡夫俗子",凡涉及宇宙的任何话题,从"天仙配""七夕相会"到阿波罗登月、飞碟,都会使他们产生强烈的兴趣。

的确,可能再也找不到第二种东西能像宇宙这样引起人们的普遍兴趣和关注。无论是牙牙学语的孩童还是古稀老人,在仰望星空时都会情不自禁地产生种种奇妙和神秘的感觉,提出无穷无尽的问题。于是,美妙无比的遐想、诗歌诞生了,神秘的宗教诞生了,天文科学也诞生了。

宇宙是怎样起源、怎样演化的?将来会演化成什么样子?宇宙的结构是怎样的?等等。对这些问题探索的结果,形成了庞大的天文科学。但是,可以毫不夸张地说,这些问题的难度是首屈一指的,它们的解决,不是几个人,也不是几代科学家所能完成的,需要数代科学家前赴后继地不断努力,这些问题都是一些亘古的大课题。

我们目前所学习的看上去非常简单的宇宙规律就是无数前人探索出来的,现在就请同学们发挥自己的想象力,探索宇宙中可能的新的规律。题材内容不限,能够自行解释说明,并通过直观图片演示即可。

示例:

① 平行宇宙是否存在?如果存在会有怎样的数学和物理规律?

② 探讨时光穿梭的可能性,如果可以穿梭到未来,遇到未来的自己会对未来的自己提什么要求?

③ 星际旅行如何实现?虫洞能不能帮助实现空间跳跃?

④ 可以观看相关科幻电影,讨论电影中的技术在未来能否实现,如果实现还可以有哪些新的应用。

要求:题目自拟,内容不限,思维越发散越好,以 PPT 形式展现,相应图片要配上文字说明,可自行引用相关资料。将完成效果情况记入月考成绩,各人独立作业,不分小组。

注意:谁的想象力越新奇并且最后能做出解释,谁的得分就越高,给同学们最大限度发挥想象力的空间,同学们都争取做出令人惊艳的作品。

参考视频:https://v.youku.com/v_show/id_XNDQyOTIwMzU4NA==.html?spm=a2h0k.11417342.soresults.dtitle。

本节课到此结束,通过本节课的学习,希望同学们不仅可以掌握宇宙航行的基础知识,也能激发对宇宙的向往和敬畏。同时希望对宇宙的探索更能激发同学们学习的动力和热情,为人类的共同进步做出力所能及的贡献!

不断摸索,共同进步

武汉海淀外国语实验学校　　陈　凤

2020年寒假对每个中国人来说都是刻骨铭心的,特别是处于疫情重灾区的武汉人。新型冠状病毒使我们的生活乱作一团,开学变得遥遥无期,开学时间一再延迟,上学成了广大师生最盼望的事情,孩子们都说,这是第一次如此期望早点开学。但由于疫情形势依然严峻,开学成了一种奢望,为了保障学生的身心健康,特别是为了保障初三毕业年级的学业任务,我们开展了"停课不停学"线上教学活动,每位老师都变身为主播,开始了我们的直播课生涯。我是一名初三物理老师,开学伊始我们班就要进行有些枯燥的一轮复习,如何抓住学生注意力、如何让学生重视起来、如何保证作业的独立认真完成等问题一直困扰着我,使我非常担心网络教学的效果。

开课第一、二周,孩子们充满好奇、欣喜和激动。通过网络上课,大家又可以聚在一起了,虽然见不到同学和老师,但能听到声音也开心得不得了,第一、二周的课上,学生热情很高,我每抛出一个问题,讨论区总能讨论得很激烈,连麦回答问题的学生也特别多,特别积极。孩子们的热情和积极也点燃了我的激情,这让一直担心网络教学效果不好的我充满了信心,心中满是欢喜。

大概从第三周开始,我发现上课时讨论区不再像以前那样热闹了,讨论问题的总是固定的几个孩子,于是,我有意点那些"潜水"的学生连麦回答问题,确认他们是在听课的,一般情况下学生也是在线的,但连麦的速度比较缓慢,有时还需要我复述一遍问题。显然,孩子们对于网络教学已经过了新鲜期,开始有所懈怠了。于是,我向其他优秀老师学习,想办法在直播中加入一些新鲜的内容,如课前播放大家熟悉的上课铃声、课堂上利用"互动课堂"随机点人、在课程中插播一些有趣的视频、课后对回答问题积极表现优异的学生进行表扬和减免作业等,这些手段虽然起到了一定的作用,但作用持续时间以及对象非常有限,一旦学生熟悉了这个模式,很容易就倦怠了。

由于是网络直播上课,老师看不到孩子,老师能管的非常有限,督促孩子认真听课的重任更多地落在了家长的肩上,那么老师及时与家长反馈孩子的学习状态,获得家长的协助就成了另一个非常重要的手段,所以,一旦课堂上感觉孩子不认真、作业完成敷衍,我就会及时跟家长反馈,但部分家长传递给我的信息是,由于天天盯着孩子学习,管孩子管多了,孩子起了逆反心理,部分家长根本管不住孩子,还有部分家长由于自己也要网络办公,没有时间管孩子。看到这样的现状,我开始感到深深的无奈和无力。

　　后来，我意识到，学生是学习的主体，我应该更多地关注学生本身，应该更尊重他们，他们对于一些道理还是很清楚的，只是自控力太差了，于是我把沟通的重点由家长转移到学生，每天就课堂表现或作业情况与部分孩子一对一沟通，在 QQ 上给学生留言，并针对错题单独给孩子发语音讲解，我也会去问孩子们听过哪些很棒的直播，有没有好的建议让我们的课更有趣，等等，每天我会花大量的时间与孩子们交流，经过一段时间的交流，孩子们感受到了我对他们的关心和尊重，也慢慢地和我交流得越来越多，有时候会主动向我承认上课没好好听讲或作业没好好写，有的孩子还会主动来找我要表扬，我和学生的距离更近了，他们也更愿意配合我的工作了，我也更容易对他们进行思想教育了。

　　通过近期的网络教学，特别是复习课的教学，我更深刻地体会到了孩子的自觉性、自愿性在教学中的重要地位，走近学生、拉近与学生的距离是我们提高课堂效率的非常重要的手段。

设计"双赢"的线上教学模式、构建适应发展的方向
——浅谈网络直播课的点滴收获

武汉海淀外国语实验学校　　余　飞

一、线上教学的背景

2020年1月放寒假前夕,和九(4)班的学生一起规划即将到来的寒假生活时,"网络""直播""学习"是高频词汇,活泼的学生还高声表达:"老师,你开直播,我们来给你打call……"那时候,各类网络直播已走进我们的生活。2020年1月23日,随着新冠疫情的发展,武汉封城,寒假被迫延长。2020年2月10日开始,"停课不停学"全面启动,我在直播间的这头,学生在直播间的那头,空中课堂连接起师生,我们一路跌跌撞撞,也一路收获满满。

二、线上教学实施过程

(一)直播未动,技术先行

人类的文明事实上就是教育和技术的赛跑。当我们的教育能够赶上技术的进步,整个社会就会比较顺畅,氛围就会比较和谐。但当2020年新冠疫情爆发,教育的舞台突然转向线上时,出现了一系列问题:怎么使用设备?怎么让学生更好地掌握知识?空中课堂怎么操作才好?首先袭来的是焦虑与不安。

调整好心态之后,我想到一句古话:"工欲善其事,必先利其器。"为了顺利做好"停课不停学"工作,保证疫情期间的教学效果,我和同事们一起试用各种直播平台和教学手段,分析各自的特点和优势,最终从操作性、互动性和实用性等方面做出了以下选择:利用CCtalk直播平台授课,利用QQ群布置作业,利用问卷星测试,利用微信群进行家校交流。经过短暂的磨合期,一切活动有条不紊、按部就班地进行。现对各种软件在运用时的情况总结如下。

① CCtalk直播平台的优势是能够生成回放,方便老师回听改进,方便学生回听学习;弊端是为了不出现延迟,常需要选择极速模式,无法播放视频。

② 运用"问卷星"布置选择题,大大缩短了批改时间,学生也可以及时得到批改的

反馈,及时反思问题出在哪里,大大提高了教师分析学生掌握情况的效率,第二天的习题答疑课更加有的放矢。

③ 建议学生将作业用"扫描全能王"进行扫描后上传,避免因拍照方式及手机像素而导致图像不清晰。

④ 布置作业时选择图片格式或 PDF 格式,可以解决 Word 版作业容易串位的问题。

⑤ 考虑疫情期间家长每日的事务繁多,微信群数量也陡增,为不增加家长的心理负担,每日反馈在学生的 QQ 群里进行,一周学情总表及每周教学计划在家长群进行反馈。

⑥ 鉴于化学是一门实验科学,切身参与实验对于学生切身感受化学的魅力十分重要,怎奈线上教学无法开展实验,除转发实验视频外,备课组还设计了"化学模拟实验征集活动",在 NB 化学实验网站上进行模拟实验过程,让学生感受"云"实验的魅力。

日期	星期	上课时间	上课内容	答疑班级	内容安排	分层作业	备注
4月26日	星期日		无	14:45-15:20 16:20-16:55	周末作业答疑	月考	周二与周四有固定的课测,上课平台为cctalk,天作业晚21:50前QQ群提交
4月27日	星期一		无	14:45-15:20 九4班	中考复习专题一 物质的组成与结构	月考	
4月28日	星期二	11:10-11:50	月考试卷评讲	无		月考	
4月29日	星期三		无	16:20-16:55 九1班	中考复习专题一 物质的组成与结构	《中考在线》	
4月30日	星期四	8:15-8:55	中考复习专题二 元素 物质的分类	无		《中考在线》	

第十二周化学教学安排表(4.26—4.30)

(二) 保质量、想对策

1. 利用网络资源,提升课堂效率,巩固课堂成果

在 QQ 群里推送一些微课资源,与直播课相结合,拉伸知识的广度,激发学生探索知识的深度。例如,在学习酸碱盐时,直播课上已为学生们总结了酸碱盐的记忆口诀,学生们已初步掌握该知识,课后再把从 B 站上搜索的相关歌曲发给学生,歌曲版通俗好学,幽默风趣,易于学生持续记忆,两者相结合,收到了不错的效果。课堂上尽可能地通过连麦互动的方式教学,而不是单调地唱"独角戏"。

2. 设置分层作业,加强习题讲解,及时反馈讲评

① 为优等生推荐每日一练的附加题。优等生学科基础知识扎实,成绩优异,思维敏捷,利用附加题的灵活性和广深度帮助他们建构知识结构体系,激发他们自主学习的动力和行为。

② 针对九(4)班,我会更加注重基础知识教学,尤其是涉及考点的内容,会逐题请学生讲解,在学生自己讲解的过程中,具有第一视角的他们会主动关注零散知识点之间的联系,有利于更好地掌握基础知识。"看戏"和"听戏"的学生也会发表自己的观点

和看法,课堂参与度和活跃度更高。我也会实时点评,适时帮助,综合总结,当好"导演"。

③ 对于每天的习题,我会统计出错题情况,利用作业答疑课进行讲评,有时也会邀请"小老师"进行讲解。这样在一讲一练、多做多改中使学生熟悉基础知识,掌握做题技巧,步步为营,稳步推进。

3. "三心"伴学

教学过程中始终贯彻学校的指导思想,用爱心看待学生的特点,用耐心浇灌学生的成长,用细心陪伴学生的进步。

儿童心理学家让·皮亚杰曾经说过:"儿童也是一个主动的存在,受到兴趣或需求的法则支配,如果他们对于某种活动的自发的积极性没有得到激发,活动的效果就无法发挥到极致。就好像蝌蚪虽然已经能够呼吸,但是其使用的器官和青蛙使用的是不一样的,儿童虽然在行为上和成人类似,但是其思维方式的结构根据发展阶段的不同而变化。"

学校的面对面教学中,我们整日和学生在一起,学生始终处于"在学习"的状态,而开始线上教学后,学生能否做到主动学习至关重要,这也是能否取得好成绩的关键。这个时候强逼无效,惩罚也失灵,怎样激发学生对所学学科产生一些兴趣并付出努力呢?经过不断摸索,我针对几名同学做了以下几点尝试。

案例1:冯同学是九(4)班的一名同学,思维很敏捷,动手能力强,但基础薄弱,学习习惯不太好。寒假刚开始时,化学组给学生布置了化学小实验,冯同学很感兴趣,在家尝试后录了视频发给我,我表扬他做得好,随后他断断续续给我发来了自己在B站上自学化学的内容,有时候会问一些问题,借此机会我会给他讲解相关知识,我们从1月31日开始,利用微信互动学习,之后的三个月他的进步如下(注:化学满分50分):

九(4)班化学学情反馈		3月23号		3月24日			3月26日		3月27日	
序号	姓名	答疑实到	作业	上课实到	课前测	作业	上课实到	作业	答疑实到	课后测
8	冯xx	√	30	√	40	A	√	30	√	40

九(4)班化学学情反馈		4月20日		4月21日			4月22日	4月23日		4月24日
序号	姓名	答疑实到	作业	上课实到	课前测	作业	作业	上课实到	课前测	作业
8	冯xx	√	35	√	45	47	A	√	40	A+	√	40

九(4)班化学学情反馈		5月4日		5月5日		5月6日		5月7日		5月8日	5月9日
序号	姓名	答疑实到	作业	上课实到	课前测	作业	上课实到	课前测	作业	答疑实到	第二单元检测	答疑实到	课堂检测
8	冯xx	√	A	√	45	B	A	√	40	A	33	√	35

案例2:4月10日晚上快11点,我收到罗同学的私信,内容如下。

罗同学:老师,我有好多问题和刘同学都想问问,例如,什么加什么是什么颜色的,溶质和溶剂有的时候还是分不清,然后白色沉淀之类的问题……网课以来问题超多,实在憋不住了想问,可能有些问题显得很无知,我们俩也正在努力学化学!希望老师可以帮助我们,谢谢老师了。

我：不慌不慌，有问题找我就对了，这样吧，咱们建一个小群，找一个时间段咱们一起补起来，好吗？

罗同学：好的！

于是，从4月11日开始，每周六下午我们就在线上开始了每周的"周周清小课堂"，至今，已经进行了三周，再来看看成效吧：

九(1)班化学学情反馈		4月20日	4月21日			4月22日		4月23日			4月24日	
序号	姓名	作业	上课实到	课后测	作业	答疑实到	作业	上课实到	课后测	作业	答疑实到	作业
15	刘xx	45	√	50	43	√	A	√	重测45	A+	√	100
18	罗xx	45	√	40	44	√	A	√	45	A+	√	100

由以上学情反馈可以看出，孩子们的进步还是非常大的。

在我看来，不是通过小组学习解决了孩子们所有的问题，而是我一贯秉持的教育理念发挥了作用，我始终认为，教育的目的越明显，教育的效果越不明显。线上教学中每周化学的课时很少，开课之初，我就发现九(1)班有几位跟不上的孩子，私下我和他们交流过，不过这个年龄段的孩子好面子，不是很愿意直接问老师，但都是很聪明的，也懂得暗暗发力。所以利用这点，课堂上，我会找讲解习题很清晰的孩子做"小老师"，QQ群里，我会展示完成得非常优秀的作业，并把大家每日的课前测结果反馈到QQ群里。种种这些激发了孩子的学习欲望，变被动催促为主动出击，如此便事半功倍了。

（三）真诚地对待学生，目中有分更有人

朱永新曾在《让教育沐浴人性光辉》一文中说过："我们应该在教育的过程中要关注到每一个个体，因为人不是一个虚无的概念，一个混沌的概念，它是一个具体到每一个孩子的概念。你关注到每一个人，你自然就会发现他的光芒，发现他的优点，发现他的潜能，然后就会给他更多的关注。现在我们的教育是目中无人，目中有分……"

但在我看来，我校的教育是有温度的教育，是目中有分更有人的教育，我们关注每个孩子的发展，发现孩子的闪光点，用关心和鼓励去支持他们。很多时候，我都把自己放在一个辅助者、引导者的位置，陪伴孩子们成长。在教学中，我是一名观察者，通过观察了解学生，把教育的重心从规训、惩罚向更多地理解学生转移。我深信，只有理解你所教育的对象，和学生有良好的关系，你的教育才能显现作用。

三、结语：教育中的自悟自觉

从教十几年，我越来越敬畏这三尺讲台，教育是与人打交道，一辈子的功课都是尽心尽力地了解自己、了解学生，试图在合适的时间给学生以合适的教育。不论孩子们未来会有怎样的人生，我的天职是在今时今日用心尽力地教育好每一名学生。

要成为一名好老师，不仅要关注自己"怎么教"，更要关注学生"怎么学"，让教学过程成为具有生活意义的师生共同成长的历程。回望疫情期间的教学过程，还有很多需要改进的地方,教学的方式应当更加多样化,为学生们提供更为完整的学习体验、更有弹性的时间分配方式、更加贴心有温度的评价方式,而真正实现让学生乐学,任重而道远。

参考文献

[1] 皮亚杰.教育科学与儿童心理学[M].北京:教育科学出版社,2019.
[2] 奥克利.学习之道[M].北京:机械工业出版社,2018.
[3] 徐丽.没有指责和羞辱的教育[M].北京:中国轻工业出版社,2013.

身在隔离病房,心系网络课堂
——隔离病房里的网络教学叙事

武汉海淀外国语实验学校　杨　艳

摘　要：2020年因为新型冠状病毒肺炎而变得非常不平凡,全国人民同心协力共战疫情。受疫情的影响,学校不能如期开学,广大教育工作者根据教育部"停课不停学"的指示开始网络教学工作。在抗击疫情的关键时期,作为武汉返乡人员,笔者因为咳嗽一周不见好转而进入医院隔离病房排查是否患新型冠状病毒肺炎。在病房的五天四夜里,虽只有手机和纸笔,但这不影响笔者对网络课堂和学生的牵挂。本文主要从环境背景、教学准备、课堂教学、课后辅导、培优补差、个性辅导等方面记录这段特殊时期的教育教学工作,通过本篇教学叙事进行教学反思,为后期教育教学工作的提升和改进提供参考。

关键词：新型冠状病毒肺炎　隔离病房　网络教学

2020年是不平凡的一年,一场始料未及的"疫情"席卷大江南北,全国人民共战疫情。在这场没有硝烟的战"疫"中,教育系统在行动,广大教育工作者根据教育部"停课不停教、停课不停学"相关文件精神的指导,开始了网络授课的教学工作。虽然网络授课过程很艰辛,但很荣幸我能成为其中的一员,用实际行动打好这场以网络为战场的"战役",为共战疫情和国家的教育事业贡献力量。

一、咳嗽未好、医院隔离

2020年3月10日,这是令我难忘的日子。由于咳嗽一周没有好转,特殊时期,为了安全起见,我便来到医院进行检查。由于我来自疫区武汉,医生对我的检查比较慎重,做了肺部CT和血常规化验。检查结果显示血常规正常,但CT结果显示右上肺及左下肺病变,肺部存在不明原因感染。经医院新型冠状病毒肺炎(以下简称"新冠肺炎")专家组会诊后,为了排查我是否患有新冠肺炎,医院对我采取了隔离措施。得知需要入住隔离病房一周时,我内心充满恐惧。非常感谢校领导,当他们得知我需要隔离排查后,第一时间打电话安慰我、鼓励我。医院的隔离病房由儿保科病房改造而成,为避免交叉感染,一人一间病房。病床是粉红色的,墙上布满可爱的动画人物,温馨的病房、医护人员细心的叮嘱、同事家人的鼓励让我的恐惧慢慢消去。在大家的关怀下,我积极配合医生的治疗和检测，咳嗽也日益好转。2020年3月14日，所有检测结果均是阴性，我可以出院了，可以结束这孤独而又繁忙的五天四夜。

回看在医院的五天四夜，我的心情五味杂陈，有对自己病情的胡思乱想而带来的痛苦，有每天一个人待在七八平方米的病房里的苦闷，有只能借助于手机和从医生那里借来的纸笔在病床上备课的辛酸，有与学生交流沟通并帮助他们解决疑惑之后的甘甜，有QQ直播上课时的兴奋激动，有与学生进行感情交流后对教育教学的思索。这五天四夜里，我虽身在隔离病房，虽只有手机和纸笔，但这不影响我对网络课堂和学生的牵挂。

二、未雨绸缪、课堂依旧

放寒假后，我便回到老家与家人共度春节。我的老家在偏远的农村，网络不好，且经常停电。自开展网络直播授课以来，为了应对停电、断网等突发状况，我会提前两周准备好上课所需的教案、课件、导学案等教学资料，并将所有资料分别在计算机、手机、U盘、QQ文件里备份。也正是由于这种未雨绸缪，在只有手机和纸笔的境遇之下，我能够在病房里很从容、平稳地完成网络课堂的教学。

网络授课期间，化学课安排在每日上午最后一节课。在入院的前一天，为了不影响学生正常上课，我便在上午下课后才赶到医院就诊。由于医院患者较多，排到我就诊时已接近下午五点，很多检查项目推迟到第二天进行。为了不耽搁第二天的上课，我把剩余的检查项目预约在上课前进行。第二天完成剩余检查项目后，我便利用等候检查结果的间隙在医院没人的长椅上利用手机完成当日的授课。

在隔离期间，依靠手机里的教学资料，我们的化学课堂按照原制订的教学计划继续进行。课堂上，通过QQ语音直播学习共价键、分子间作用力和氢键，完成了作业的讲评。课后，利用手机批改学生的作业和进行答疑。为了避免各学科作业时间有冲突，年级对每一学科提交作业的截止时间进行了规定，化学每日提交作业的截止时间是晚上九点。由于高中阶段学习任务和难度均较大，学生经常在规定时间内不能按时提交作业，经常拖延至九点半左右。学生作业交齐后，我便开始以最快的速度批改作业，并在晚上十点之前把作业批改情况反馈给学生。这样既能让学生在第一时间了解他们的错题情况，又不影响他们的休息。在这期间，护士经常在我的窗外徘徊，她看我一直拿着手机一动不动地坐在床上，会不时地过来敲窗户玻璃，提醒我早点睡觉，注意休息。为了不给护士的工作带来麻烦，我便经常躲在被子里批改作业，与学生沟通交流错题。

为了不让学生担心我的健康，大多数人不知道我在病床上授课，出院之后，我才告知学生我这几天的情况，他们都很惊讶，他们一直认为这几天的课堂是"常规"的课堂。我答复他们，这几天的课堂既"常规"又"不常规"，里面的酸甜苦辣只有我知晓。

三、学生讲师,绽放光彩

在毫无预备的情况之下入院,我身边只有手机这一设备可用。新授课时,我会让学生提前下载课件,然后我用手机与学生同步播放课件进行新授课学习,但习题讲评课时,该方法受到了限制,因为化学习题讲评时经常需要草稿演算、画图标注等。为了解决这些问题,我尝试利用手机视频直播授课,边视频直播边演算过程,但拍出来的画面比较模糊,于是放弃了这种做法。我也试过预先将演算和分析过程写在纸上,拍照发给学生,但这样学生能看到整个问题分析过程,缺乏对问题的自主思考和与学生的互动性。若分步拍照分享,则比较耗时间,课堂效率将下降。经过多种尝试后,我决定让学生讲解这些习题,毕竟"讲得清,才是真的学得懂"。

在作业讲评课前一晚,批改完作业后我先对学生的作业情况进行分析,然后统计错题情况,最后挑选作业优秀的琦琦同学作为第二天课堂上的"小老师",统筹主管第二天的课堂。当晚,我对琦琦同学的错题进行单独讲解,并对她关于整套题目中存在的疑惑和讲不清楚的地方进行一一解答。虽然在学校时学生已经多次上台讲过习题,"小老师"经验很充足,但当"主播"控制整个课堂并不是每个学生都曾尝试过。为了使网络课堂更好地进行,我还对她进行了"教师岗前培训",培训如何把控课堂进度、调节课堂氛围、在 PDF 版作业上进行标注、应对突发状况等。上课前十分钟,与琦琦同学语音沟通交流,给她加油打气,舒缓她第一次当"主播"的紧张。在完成常规考勤点名后,我把课堂完全交给琦琦同学,作为一名旁听生在课堂上默默地给她加油,同时也从学生的视角去感受网络课堂,为今后的网络课堂提供改良依据。由于"小老师"前一晚已经经过系统的培训,当日的课堂有条不紊地进行,由于是自己的同伴主讲,学生的积极性和参与性也很高,整堂课在满屏的鲜花中结束。

课后,我及时与"小老师"进行交流,表扬她的勇敢、自信和从容,同时对她提出了更高的要求和期待。与此同时,为了更好地鼓励学生,让更多的学生参与网络课堂,参与到"小老师"队伍中,课后,我在家长群中对当日课堂上表现优秀的孩子提出了表扬。

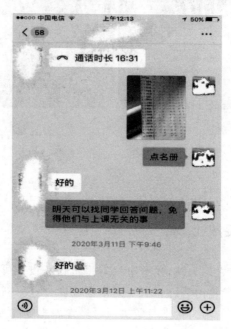

四、培优补差、个性辅导

每天一个人待在病房里,由于正值疫情高峰期,手机里不时地有新冠肺炎相关的新闻推送,虽然有家人朋友以及校领导的安慰和鼓励,但心里还是很恐慌,毕竟我来自疫区武汉,并且在返回老家的前一天在毫无防护装备的情况之下去了大型超市,并在超市里待了三个小时。我经常会胡思乱想,我会不会是超级携带者,会不会是新闻上说的最长潜伏期四十多天的患者,会不会是无症状感染者,等等。我发现我不能再这样胡思乱想,于是我关闭手机新闻软件的消息推送功能,手机只用来上课、备课、批改作业,向学校汇报每日健康状况,与医护人员、家人和学生交流。这样一来,我的世界清静了,每日沉浸在工作的氛围中,有工作和学生的陪伴,我的恐惧感也慢慢消失,时间过得也快一些,甚至感觉都不够用。

衣食住行都有医院安排,没有其他生活琐事的烦扰,我有了更多的时间与学生沟通交流,对他们进行培优补差和个性化辅导。在隔离期间,我每天都与学优生交流和探索问题,督促学困生完成当日的作业和笔记,解答他们课内课外的困惑。熊熊同学的综合成绩位于年级第一,但化学单科并不是很突出。为了让他的化学成绩变得更高,每天下课后,我便会与他进行QQ语音通话,就该堂课的重点内容与他二次确认,并鼓励他在晚上七点之前提交化学作业,这样便于我与他一对一交流错题。小宋同学的综合成绩与熊熊同学的不相上下,化学成绩比熊熊同学的突出一些,但她的成绩可以更加突出、优秀,于是我便利用手机在网上搜索比较好的培优试题,对她进行培优训练。康康同学这个星期家里停电两次,耽误了两节化学课,于是我便利用晚上的时间单独对他授课,他虽然性格比较内向,但头脑聪明,一点就通,二十分钟就能把当日缺的课补上。小杜同学虽然综合成绩不是很突出,但他网络授课期间自律性较强,学习效率高,几乎每晚八点就能完成所有学科的作业,于是我便在八点之后与他交流当日的学习情况和作业情况。菲菲同学化学基础较为薄弱,缺乏自信,需要老师的鼓励和关爱,我便利用她的作息间隙,见缝插针地对她进行鼓励和学习方法的指导。这样的例子太多太多,我几乎每天与学生交流至晚上十一点。

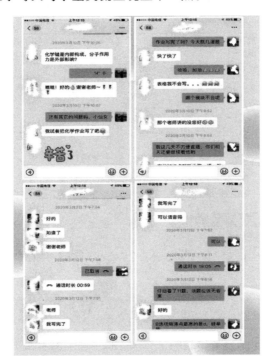

五、真诚交流、爱的感化

入院之前,小王和小刘是让我头疼的两位学生,特别是小王同学。由于网络授课的限制性,老师与学生在课堂上不能面对面地交流,老师对课堂的纪律管控效率也有所下降。随着网络授课的进行,家庭里亲子关系也逐渐紧张,家长对孩子越来越感觉无奈和无助。两位学生的化学成绩在班上处于中等偏上位置,网课期间,晚上沉迷于网络游戏,导致白天无法集中注意力上课,以至于化学成绩下滑很厉害。在入院前,我曾多次与他们进行沟通交流,但效果甚微,他们一直保持明日复明日的态度,这让我倍感无力。

住进隔离病房后,为了感化他们,我把我需要隔离排查的消息告诉了他们。他们得知消息后很诧异,因为我们白天的课堂还在继续,除了上课咳嗽几声外,完全感受不到我的任何变化。我用自身的经历与他们进行心与心的交流,我告知他们我在病房里的真实焦虑和无助,与他们分享我面对焦虑和无助时的应对策略,让他们感受到我的真诚和发自内心的关爱,并借此鼓励他们重拾化学学习的信心。功夫不负有心人,经多次沟通交流后,他们的学习态度有了很大的转变,学习主动性和积极性均提高,学习成绩也逐渐提升。在期中考试时,小王同学考了全班第三名,小刘同学前进了四名。

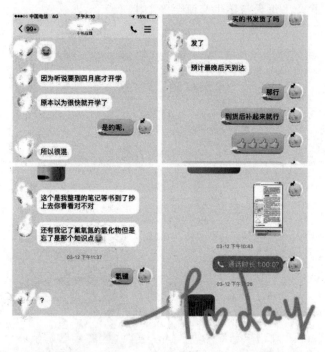

陈陈同学三月初的时候情绪较为低落,但她一直不愿意敞开心扉,与大家诉说自己的困扰。通过平日的交流,我得知她三月初的时候便寄宿在舅舅家,由于她平日与父母的亲子关系也较为紧张,于是我便猜想她是不是与父母吵架了。我也是一位母亲,天下没有哪位母亲不爱自己的孩子,有时可能因为沟通方式的问题造成双方的隔阂。隔离期间,我几日未见到自己的孩子,心里甚是想念,于是我把我对孩子的想念向她诉说,也许她被我的真诚打动了,她向我吐露了心声,原来她的父母均被确诊为新冠肺炎患者,她既担心他们的健康,又因糟糕的亲子关系而不好意思直接跟父母打电话沟通,双重矛盾困扰,所以情绪低落。了解情况之后,我便利用自己的情况与她耐心地交流,帮她打开心结,缓解困扰。值得庆幸的是,她的父母均是轻症患者,在高校宿舍隔离治疗了两周便痊愈出院。

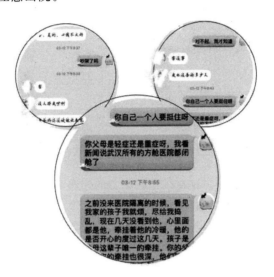

这五天四夜发生了很多事,自己的心情经历了过山车似的起伏,我也因"祸"得福,得到了很多的感悟和收获。这段令人难忘的日子让我在困难面前变得更坚强,让我急躁的脾气变得温和,让我更加懂得如何耐心地与每一位学生交流,让我学会用真诚的关爱暖化每一位学生的内心,让我与学生之间的距离更近,让我更加珍惜我现在的生活,让我更加热爱教育事业。

停课不停学,虽身在隔离病房,但心系网络课堂,我一直在用实际行动打好这场以网络为战场的"战役",为共战疫情和国家的教育事业贡献力量。

做到"七有",玩转空中课堂

武汉海淀外国语实验学校　　周五萍

2020年1月,新冠病毒开始席卷湖北,1月23日武汉封城,开学被多次延期。在此困难时刻,教育部提出"停课不停学",根据学校的进度和实际情况,2020年2月10日,本校九年级化学开始实施线上教学。针对九年级这个特殊的群体,我对线上教学研究了很多,在这里想分享一些我在线上教学中的经验。

线上教学的实施对于学生、老师和家长都是第一次,学生可能会彷徨,没有方向,作为老师就一定要稳住学生,需要制订短期或长期的教学计划以及对学生进行心理疏导。线上教学中老师不能直接与学生面对面交流,所以不好控制课堂,不能实时看到学生在做什么,所以有的学生就会边听课边做别的事情,对于这一点,我的建议是能直播的课一定要全部直播,与学生时时互动,增强学生的课堂参与感与成就感。上课的时间是短暂的,课后的沟通就显得尤为重要,作业批改与答疑要及时,和在学校一样,并且要记录作业和上课情况,课后与学生、家长保持沟通。在家里学习容易让学生产生自己在放假的错觉,而不把学习当回事,适当的测试可以让学生产生紧迫感。针对以上线上教学中的问题,我有七大法宝。

第一,有计划,有方向。

我每周都制订周计划,一方面让学生知道每周的内容都是井井有条的,每一个时间段都不能浪费,都有需要完成的事情,另一方面也方便可以打印的家长一次性打印资料,因为很多学生都回老家了,并没有带资料书等。计划细化到上课平台、上课时间、上课内容、上课班级、作业布置等一系列的信息,发布到学生群和家长群。

第二,有准备,有内容。

有完善的课程准备才能有高效的课堂。通过积极参加年级和教研组的会议,与其他老师交流,向老师们学习,我摸索出了适合化学学科的上课模式,即课前测＋新授课＋作业＋作业答疑。现阶段初中化学主要是第九章、第十章的新授课,每节课我们都制作对应的新课PPT、作业PPT、作业文档,提高PPT质量,抓住学生眼球和心理,例如,在学习"溶解度"这一节时,我提前把从抖音上下载的一个视频发到学习群,让学生们观看,借由这个视觉冲击力很强的视频,让学生对视频中的现象感到好奇,从而学生上课的时候就会非常愿意听讲。

化学第七周3月16-3月22教学安排						
日期	星期	上课时间	上课内容	下午答疑	班级	作业	备注
3月16	星期一	无		16:20-16:55	九2班	完成《化学周刊 常见的酸和碱》1-10、13共11题	
3月17	星期二	11:10-11:50	10-2-1中和反应	无		1、整理笔记；2、完成《课堂作业》69-71页1-15题	
3月18	星期三	无		14:45-15:20	九3班	完成《勤学早》53-54页1-11题	
				16:20-16:55	九2班		
3月19	星期四	8:15-8:55	10-2-2 酸碱度的表示pH	无		1、整理笔记；2、完成《课堂作业》73-76页1-14题	化学课全部cctalk直播,作业21:30前QQ群提交
3月20	星期五	无		14:45-15:20	九3班	完成《化学周刊 中和反应》	
3月21	周六	《学理化专题十六 中和反应》					
3月22	周天	11:10-12:00周测（在线），考查第九章 溶液					

选择上课平台时，我自己把各种软件都对比了一下，多方面对比后选定CCtalk，自我学习的过程让学生了解到老师也在学习新东西，体现了终生学习的思想。上课采用CCtalk直播，它可以自动生成回放，可以和学生连麦互动，调动上课气氛，对部分内容没有完全掌握的学生或者因为特殊原因不能参加直播课的学生可以看回放，例如，我班上有个学生当时在美国，与我们有时差，不能按时参加直播课，但通过CCtalk她可以看到课堂回放，也方便整理笔记。为了调动学生的积极性，我会在上课前播放学校的上课铃声，让学生有在学校上课的感觉，自己的语言偶尔诙谐幽默，让学生感觉耳目一新，抓住学生的注意力，也拉近与学生的距离。上课的时候除了教授知识外，我尽量地向学生多强调自觉自律，分享名人名言等，加强心理教育，真正做到以学生为中心，真心关爱学生，体现教书育人的思想。

上课直播平台	直播	录播	优缺点
武汉教育云	√	√	自动生成连接，支持直播回看，可以连麦、答题互动，区里用的平台，若同时直播，可能会卡
腾讯课堂	√	X	不支持直播回看，但操作简单，可以点学生回答问题
Cctalk	√	√	学生点击连接，支持直播回看，可以连麦互动
class in	√	√	不支持直播回看，每个学生得下载，通过技术支持把学生添加班，但上课操作简单，可以建立班级课表

"云端"高效课堂研究

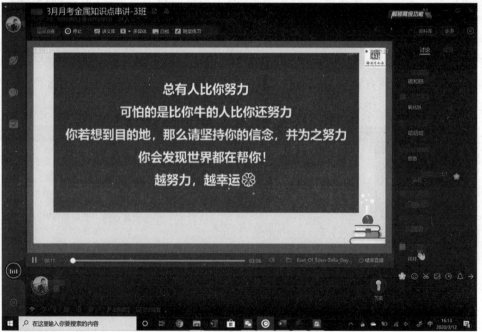

第三,有练习,有答疑。

对于作业的提交,刚开始我是让学生通过微信单独提交的,但发现这种方式统计起来很麻烦,并且容易遗漏信息,后来组内余老师说QQ群可以布置和提交作业,所以我尝试了一下,发现很方便,就采用QQ群的作业功能,按时布置作业,自动统计数据,在手机端批改,但是尝试一段时间后发现QQ群作业功能在批改时显示迟缓,也不能在改作业的同时回复学生的消息,并且没有表彰等功能,所以我研究了一下QQ群的老师助手,发现老师助手有布置作业的功能,而且可以在在线批改的同时隐藏小程序,以便回复学生的问题,还可以统计交作业情况,让"小班长"(QQ机器人)提醒学生提交作业,更重要的是可以给作业优秀的学生发小红花、发奖状,小红花可以累计,一周累计的小红花产生一周红花榜,由红花榜就可以看出这周学生的作业完成质量。作业答疑也用CCtalk直播讲解,方便学生反复观看,认真订正错题。

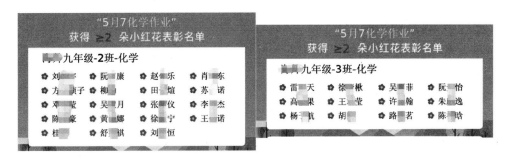

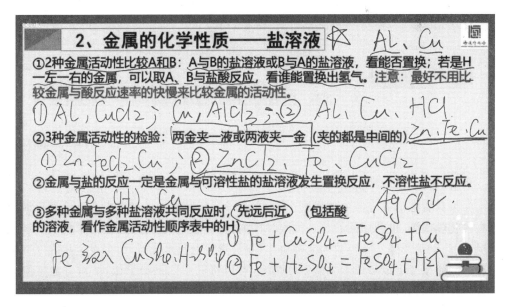

第四,有互动,有检查。

刚开始上课的时候,估计每位老师都跟我一样,难于测试,因为不能保证学生都在规定时间内发答案给老师,或者难于统计数据。对于测试,我学习了语文组老师的做法,采用问卷星进行。课前五分钟进行课前测,课前测利用问卷星在线进行,学生答完后,后台有详细的数据及个人情况分析。有位学生以前交作业都不积极,实施课前测后,他每次都主动问我今天是否有课前测,一定程度上引起了学生的重视,调动了积极性。

上课时难以保证每位学生都在听讲,所以我会尽可能多地跟学生实时互动连麦,确保学生在线且认真听讲,了解学生的上课状态,有问题的一定要沟通。例如,一次上课的时候,我连麦一位学生回答问题,听声音觉得她不在状态,我打趣地说"你是不是还没睡醒啊,这可不是我认识的那个厉害的同学啊",就这一句话,孩子立刻清醒了,课后我再找这位学生详细了解,原来是因为她中午没睡午觉,所以精神不是特别好。课后,我会就所讲知识点检查学生笔记,并进行整理、点评。

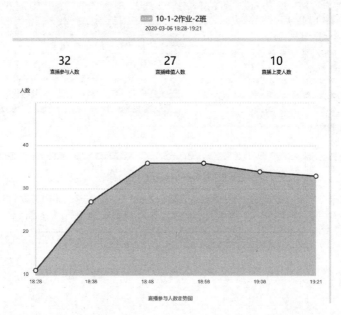

第五,有测试,有分析。

如果只有课前五分钟的选择题小测,有些学习问题不能体现出来。我计划每周进行在线化学周测,也利用问卷星在线限时检测,后台及时统计数据,实时了解学生掌握情况,适当调整授课。与组内的老师协作,我负责线上技术支持、数据设定和线上答案设置。问卷星会生成每位学生的答题情况,可以将其单独发给学生,一对一地定制分析,不懂的题目和分析一目了然。

欢迎进入测试

3月10日化学课前测

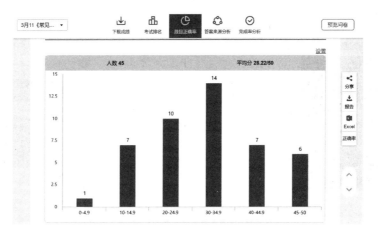

提交答卷时间	所用时间	来源	来源详情	来自IP(?)	总分
2020/3/11 16:19:21	282秒	手机提交	直接访问	湖北武汉	40
2020/3/11 16:19:40	140秒	手机提交	直接访问	湖北武汉	30
2020/3/11 16:19:44	578秒	微信	N/A	广西南宁	30
2020/3/11 16:19:49	314秒	手机提交	直接访问	江西上饶	30
2020/3/11 16:19:49	9秒	链接	直接访问	湖北武汉	10
2020/3/11 16:19:50	210秒	链接	直接访问	湖北武汉	40
2020/3/11 16:19:50	143秒	手机提交	直接访问	湖北恩施	30
2020/3/11 16:19:50	55秒	手机提交	直接访问	湖北武汉	30
2020/3/11 17:01:51	11秒	手机提交	直接访问	湖北宜昌	50
2020/3/11 17:02:04	33秒	手机提交	直接访问	湖北武汉	50

第六,有问题,有应答。

在线下教学中学生遇到不懂的问题时可以随时去办公室找老师,而在线上教学中则不可能。为了更多地给每位学生答疑解惑,我的 QQ 和微信几乎是全天候"服务"。对于有问题的学生,一对一或者建立 2~3 人的小型讨论组进行单独答疑,采用 QQ 语音、屏幕分享功能。九年级学生正处在青春期,腼腆、自尊心很强,在大课上不愿意提出自己不懂的地方,这种一对一答疑或小组答疑能解决学生在大课上没解决的问题,真正做到个性化教育。

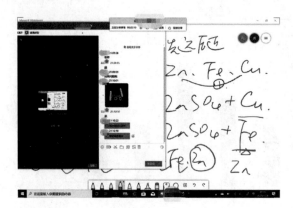

第七,有记录,有反馈。

最后就是记录学情,与家长保持密切沟通,线上教学是三方合作的成果,需要老师、学生、家长协同作用,才能达到良好的效果。要做到及时反馈,每天、每周、每月反馈。有些学生在家里不让家长管自己,家长也不知道孩子上没上课,上课情况怎么样,因此老师的反馈和沟通就很重要了。例如,我班上有个男孩子,在家里长期都是反锁房门,不让家长进去的,家长在家都只能通过微信跟孩子沟通,家长不知道孩子的情况。有一次我跟家长说孩子没有交作业,家长表示很无奈,也没有办法跟孩子沟通,希望老师给孩子做工作。我首先给学生发消息嘘寒问暖,不提交作业的事,连续几天给学生发消息后,学生终于敢直面问题,说自己没事,以后作业一定会按时完成,果然说到做到,学生转变很大,家长也很感谢我,而我只是尽了作为老师的职责而已,不放弃任何一位学生,因为每一位学生都是一个家庭的希望,他们充满无限可能。

以上是我的线上直播教学经验分享,另外想分享一个有些老师可能用得到的录屏功能。

三月份有幸参加区里的空中课堂录制直播课,区里通知最好用录播课,因为担心教育云直播太多而不稳定。刚开始我以为把录好的课的链接发给技术部就可以了,所以第一次录课用了 CCtalk,但是把链接发给教研员后,技术部反馈说要 MP4 格式的视频文件,链接不行,于是我开始琢磨录屏功能,在网上搜索了一下,看了几篇帖子后,知道了几种录屏的方式:①用 PPT 播放的录屏功能,仅限于 PPT 界面;②安装特定的录屏软件,需要下载软件和安装;③Windows 10 系统自带录屏功能,可按"Windows+G"键打开。对比来看,第三种是最简单的,在这里我分享一下录屏的功能。

在 Windows 10 操作系统中,按"Windows+G"键可直接打开录屏功能,单击麦克风打开,再单击开始录制,录制完单击停止即可,非常方便,音质画质都不错。如果计算机不是 Windows 10 系统,可以用 PPT 的录屏功能,也比较方便。当然,能直播的课最好直播,保证互动效果,如果设备或条件不允许,或为保证课堂稳定性,就用录播课。但是我自己在录播的时候,也在想着怎么尽量让学生听讲,一是老师讲述,二是PPT 的设计。我的计算机是 Surface Pro,可以直接在计算机屏幕上用触控笔写字,为充分利用计算机优势,我一般把需要写的部分在上课的时候边讲边写,就像在黑板上写板书一样,同时督促学生跟着做笔记,这样学生也有代入感。我在 PPT 上举例子的时候会加入许多图片或视频,这样学生听起来就很形象,很好理解,任何时候的教学都要以学生为中心,换位思考,从学生的角度出发。

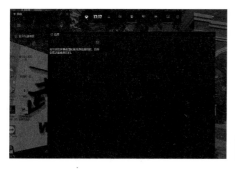

对于特殊时期的线上教学,我的分享就到这里,希望疫情早日过去,武汉早日解封,让我们相约春日的校园,畅游知识的海洋。

介绍文稿

武汉海淀外国语实验学校　　岳　丹

《春天来了,听,那些"花开"的声音》是用美篇制作的一篇关于我校普高高一全体师生及家属在疫情期间参与年级组织的线上抗疫诗文吟诵比赛的推文,通过本次活动,学生、家长、老师们用饱含深情的吟诵传递着内心坚不可摧的力量,以此致敬那些奋战在抗疫一线的工作者们!部分学生、家长更是用原创诗文表达出对呵护生命的最美逆行者们的赞美与景仰。和普通推文不一样的是,美篇除了有文字、图片,还可以选择合适的模板、配上背景音乐、插入吟诵时的视频,使得文章更加丰满、立体。在制作美篇的过程中,还用到了美图秀秀、剪映等其他软件,背景音乐《武汉加油》也是为了达到最好的视听效果而精挑细选出来的。本次活动在学生、家长中反响很好,大家都积极地转发、收藏,还有评论、送花、打赏的,阅读量超过 1 100。

网页地址:https://www.meipian.cn/2q9t3vux? share_from=self&user_id=47167923&uuid=139b1c873ac47b833d32ae86dbca51a4&share_depth=1&first_share_uid=47167923&utm_medium=meipian_android&share_user_mpuuid=5cd13a6fb00a85a882ca4a37c4b4ee49&from=other。

使用指南:在浏览器搜索栏中输入以上网址,点击搜索即可打开。或者打开手机美篇 App,在搜索栏中输入文章名"春天来了,听,那些'花开'的声音",作者名为"武汉海外",点开即可。

网络教学,如何成为一名学习设计师

武汉海淀外国语实验学校　　唐棠

自从疫情爆发,我们已经很久没有去商场了,但是并没有停止过购物。同理,曾经被我们当作唯一的"学习中心"的学校,已经转移到了每个人的手上。疫情发生后,无论我们喜不喜欢,都被迫转向线上学习,在对自己的角色没有充分认知的前提下,都成了"主播"。伴随着工业革命出现的现代教育模型发展到疫情爆发以前,并没有发生什么本质上的变化,然而批量仓促上线的"主播"正在或即将改写教育的历史。作为批量仓促上线的"主播"之一,我在网络教学中不断学习,不断反思,对于教师的角色有了新的理解。

在拜读钱志龙校长提出的教育进化的十大趋势时,我十分认同他说的教学模式的改变,对推倒围墙建学校,让学生用自己喜欢的方式去学习,利用好海量的慕课资源,评价方式的迭代等诸多分析,都有了足够的认同和理解,他说:"老师不再是站在讲台上分发知识的那个人,他们是终身学习者的示范,跟学生一起去探索他们自己也并不是那么有把握的课题;他们是学习的促成者,向学习者提供必要的工具,去激发他们对某一个课题的激情。"结合自己网络授课的实践,我每天会关注国内外的新闻,包括 China Daily,GCTN,CNN,经济学人,B 站等平台上最新的资源,筛选一些与学生息息相关的资讯,让学生理解学好英语,掌握第一手信源的重要性和形成独立思考能力的重要性。我将通过几次活动的设计浅谈教师如何利用好海量资源,成为一名学习设计师。

一、九年级国际班的学情分析

我任教的九年级国际班的学生都以出国留学为目标,目前英语学习的主要任务就是培养学生的听说读写能力,使学生具备用英语学习其他学科知识的能力。学生从八年级回国以后的英语学习以中考备考为主,强调语言的准确性,但是从听力和口语的训练上来说,会大打折扣,这个学期也就是线上教学后才转为以留学为目标,英语学习的重心就是学生听说读写全方位能力的提升,为今后的留学打下坚实的语言基础,也为后期的托福等语言考试做好准备。

二、筛选合适的学习资源

自从疫情爆发,我们就开始关注疫情的发展,各种数据、各种报道、各种评论、各种分析、大量的真假信息扑面而来,作为国际班学生和将来的留学生,在这场疫情中更需要坚定留学的信心,辩证看待疫情的发展,提前感知今后留学的各种困难,对于海量的信息资源,我们不应该屏蔽学生,而应该带着他们去看、去听、去感受、去反思。

我选取的资源主要有以下几个类别。

① 新闻时事类,以 China Daily,CCN 的新闻播报等为主。

② 课程拓展类,如 Netflix 纪录片,《大国崛起》,米兰达法律的起源、趣说文艺复兴等视频。

③ 慕课资源,如托福 ETS 的官方课程视频(对托福每一个单项的每一个题型都做了简单的介绍和答题的讲解),以及其他各类学习视频。

④ 作业拓展类(英国女王的演讲、比尔·盖茨关于疫情的反思、素食者与屠夫的 BBC 现场辩论等视频)。

三、做好学习设计师和学习的促成者

为了让学生能够创造性地解决问题,我们围绕真实的议题开展研究、分析、综合、评价跨学科、跨领域的综合知识的活动,告别单纯而抽象的某个学习问题,在复杂又真实的问题情景中学真知,锻炼本领,我设计了以下主题活动。

网课主题活动 1:"海外"奇葩说

主题:人应该如何与自然相处。

作业要求:用 45 秒的托福口语第二题的答题规范回答:将动物关在动物园供游客欣赏是否应该被禁止。从托福口语的三个方面打分评价学生的回答——topic development,language use,delivery(为托福口语第二题的评价标准),选出一名"BBking"。

作业目的:① 熟悉 45 秒答题的时间,找准答题的感觉。

② 通过观看电影《传染病》了解传染性疾病的传播,反省疾病的来源,思考人与自然的关系。

网课主题活动 2:吐槽式新闻播报

主题:"海外"世界说。

作业要求：我们如何看待最新的新闻，试着用幽默的方式播报时事。

作业目的：① 作为国际生，我们具备了基本的英语能力，可以从各种权威网站上了解世界各地的大事件，不把第三方的评论当作信息来源。

② 适当的幽默感的培养（苦中作乐的精神）。

Grace 世界说

James 世界说(2)

Jorden Daisy 世界说

Mike 世界说

Vivian Ethan 世界说

网课主题活动 3：新说"历史人物"

主题：历史总是惊人地相似。

作业要求：了解学习一个历史事件或者一个历史任务，并讲述这个任务或这段历史。

作业目的：① 英语口语表达能力的提升。

② 托福考试中历史话题避免不了，对各个时期的历史要有基本的了解。

Daisy 说历史

Ethan 说历史

Grace 说历史

James 说历史

Vivan 说历史

网课主题活动 4：在线辩论赛

主题：（大学）留学生在疫情期间应不应该回国。

作业要求：选择一方，准备好自己的观点和至少三个理由，可以谈及自己的个人经历，supporting details 必须要有说服力。

作业目的：① 学会正确表达不同的观点，有礼貌地轮流说出自己的不同意见，使用 sign posting language，如：You seem to have a point, but… 用在自己的辩论中，有礼有节。

② 托福口语 Task 2 和托福写作的独立写作部分会用到这样的技巧。

CGTN2

Ethan 留学生回国

Grace 留学生回国

vivian 留学生回国

每天更新疫情图_中国留学生成英国网红(1)

英国留学生抗疫指南｜英国疫情下的留学生现状

网课主题活动 5:"朗读者"

主题:向英雄致敬,为逝者默哀。

作业要求:让学生着正装,朗读"We are all fighters"或者比尔·盖茨关于疫情的反思文章。

作业目的:学会感恩,学会反思。

Ethan 朗读者　　Grace 朗读者　　James 朗读者　　Jorden 朗读者　　Mike 朗读者　　Tim 朗读者　　vivian 朗读者

网络主题活动 6:我眼中的武汉"后疫情时期"

主题:疫情之后。

作业要求(任选其一):① 学习经济学人上的一篇文章:历史上的瘟疫对社会经济的影响,自己分析此次疫情对社会发展的影响。

② 现在有很多舆论在否定中国对抗疫做出的贡献,观看视频,思考怎么看待中国的抗疫贡献,如何为祖国"打 call",可以用多种形式表达自己的想法。

四、反思

以上活动都是自 2 月 10 日网络授课以来,我周末布置的一些学科特色作业,与传统的作业形式比较起来,更费时间,更具有挑战性,学生需要去看、去读、去听,理解消化,然后形成自己的观点。网课期间,学生有了更便利的网络资源,也愿意作为一个独立的个体去感知这个世界,去评价周围发生的事情,学生在做此类作业的时候,并没有因为耗时太多而抗拒,反而涌现出来很多有创意和高质量的作业。例如,在选择为中国"打 call"的作业时,谈同学就选择了给自己美国的朋友写一封信,告知朋友自己怎么克服疫情的影响,怎么做好防护,并鼓励对方积极面对。黄同学提到了疫情过后,整个社会的健康意识会有很大的提升,大家会更注重疾病的预防和个人卫生习惯等。在完成"朗读者"作业的时候,潘同学朗读了英国女王的演讲稿,更有同学选择市民之家的大楼作为背景,站在停车场中央,穿着我们学校的礼服,声情并茂地朗读令人感动的文章。在探讨留学生是否应该回国的时候,学生会去衡量回国的利弊,并尊重个人的选择,知道了要尊重不同的意见,倾听不同的声音,理解了什么是言论自由,开始分析疫情对于留学生的影响,开始探讨不同国家的防疫措施的优劣。

五、结语

通过这些活动的开展,学生开启了独立思考的大门,这些独立于课堂教学的学习反而成了学生最愿意参与和投入的活动。仓促上线的网课虽然取代了学校作为学习的场所，但是老师作为设计学生学习体验、引导学生学习、看到学生、聆听学生、帮助学生的角色，永远也不能被替代。学习知识，掌握信息在当今时代已经是一件轻而易举的事情，帮助学生从浩如烟海的信息中获得有效的资源，并使学生掌握组合应用信息的能力，才是教师真正的价值体现。我们需要为学生搭建一个脚手架，它不是"知识的脚手架"，而是"思考的脚手架"，所有的问题都是开放性的问题，答案没有对错之分，这些问题会引发学生的学习过程，有了这个架子的指引，就能逐渐培养学生独立思考的能力，唤醒学生内在的学习动力。

"空中课堂"家校合作的实践与感悟

武汉海淀外国语实验学校　　刘长虹

案例背景

庚子鼠年伊始,一场突如其来的新冠疫情完全打乱了我们正常的生活秩序。为了有效防控病毒传播,学校、工厂、交通、餐饮全部停教、停工、停业。为了做到"停课不停学",各级教委推出了"空中课堂"。正处于青春期的中学生,既思维活跃,又极易烦躁焦虑,个别学生存在厌学或沉迷网络游戏的现象,整日闷在家里,要组织他们上好网课,这无疑是对老师和家长们新的挑战。

案例一:要求、赏识

根据分工,我负责国高 12 年级的"空中课堂"管理。这个毕业班近 90% 的孩子都已经手握多张来自美国、加拿大、英国和澳洲知名或排名靠前大学的 offer。每堂网课的上线率都很低,学生即便上线也不开摄像头,或者将摄像头对着天花板,个别孩子面对家长的督促已经毫不"感冒"。家长一想到再过几个月,孩子即将离开家庭和父母,踏上遥远的求学之路,和孩子相处的时间本就不长了,也就忍气吞声了。

班主任急得在群里喊话:"孩子们真的是把老师们往绝路上逼啊!作业都不做,上课不参与,答非所问,置若罔闻的学习状态……这成绩老师们怎么给啊?"

面对学生、家长的状态和心态,我的切入点是:要求、赏识、鼓励、合作。

2020 年 2 月 21 日,我给家长们发出了第一封信,同时发到了学生群里。

各位家长好!

疫情发生前我们一直精诚合作,所以才取得了令人欣慰的教育教学成果,为了巩固成果,我们现在还要继续共同研讨怎样过好现在的每一天。首先建议家长利用这个双休日精心设计一下亲子活动。活动中要和孩子们交流我们该怎样面对现实……我们每个人只有自律自强自立,才能为中国人争气!所以,自律从下周一开始:首先,每天的报平安和锻炼身体打卡是必须的。其次,高三学生对怎样上好网课肯定有想法、要求高,大家提出来,希望老师上什么和怎样上? 拿出你们的意见和建议来,课还是要上的! 最后,从下周一开始,班主任在学生的考勤和课堂表现汇总表里将加上"研究思考与创作"方面的内容,毕业前学校将根据每个孩子在这场突如其来的战"疫"中的综合表现做出评价。期待和感谢家长们一如既往地鼎力支持与配合!

信发出不到3小时,我就收到了全部家长的回应。接下来,我还把读到的一篇推文《武汉封城31天,这组偷拍照爆火:做最坏打算的人,才配最好的结果》发到群里,并附上了"很多孩子生活得很艰难。在方舱医院学习的那些孩子们,有了这样的人生体验,也会更有动力面对自己的人生"的短语。家长也把《安放焦虑,把损失降到最低》的洞见性短文发到群里。后面的听课、巡课我开始天天跟进,对教师授课情况及时点评,督促教学方法要人文、科学、灵活……家长们纷纷给我点赞:"满满的正能量。"家长和老师互动起来了,上课人数和上课状态也随之有了明显改善。

实践感悟:任何事物肯定不是孤立存在的,只有剥茧抽丝,找出同其他事物之间一定的相互关联,才能找出事物背后的成因。战"疫"期间,我们既要理解学生和家长的焦虑,更要和家长紧密配合、精诚合作,做好教师应该做的,鼓励家长和我们站在一起。

案例二:点赞、鼓励

在大多数学生都能每天上线学习的情况下,还有几个人或不听课,或随意迟到早退,家长向班主任叫苦不迭。分析这几个孩子的现状,发现有的已经拿到了全美排名靠前的纽约大学等多所院校的offer,任性和膨胀到认为网课对他来说已经无所谓了,还有两人因为新冠疫情影响了托福成绩提升的考试,目前一张offer也没拿到,时间已经到了2月末,换位思考,这两个孩子内心肯定是焦虑不安、打不起精神来的。我决定给家长们写第二封信,同时再次发到学生群里。

各位家长好!

一周转瞬即逝,我们高三的孩子们网课上得越来越好了。具体表现是:遵守时间的越来越多了;打开摄像头的越来越多了;课堂上跟老师互动的越来越多了;主动问老师问题的越来越多了;按时完成作业的越来越多了……

孩子们虽然都拿到了offer(后面还有),但高三最后学期还要提交成绩单。根据网课上的表现,老师们对以下学生提出表扬:张××、石××、汪××、刘×、姚××、余××、刘××、王××、肖丹×、肖奕×、瞿××(可能会有漏掉的)。这次没有获得表扬的孩子,相信下一次会看到他(她)的名字。(这样写是为了留有余地、安抚情绪。)

在线学习对孩子们的自律性、自我导向性、使命感和责任感的要求更高了。钦佩作为孩子的启蒙和终身教师的您的循循善诱和辛勤付出;感谢您对学校和老师们网络教育教学工作的关注与支持! 为我们的合作伙伴——高三家长——点赞!(激发家长的教育灵感和责任感。)

相信后面的网课和各种活动中,孩子们的表现会越来越棒!因为这场与新冠病毒的顽强战斗,让他(她)们看到了武汉这座英雄城市的人民怎样"自我牺牲"的刚毅,看到了来自全国的医护人员怎样"逆行"的壮举!孩子们长大了,心智日益成熟了,只要我们不断学习研究,不断调整教育策略,坚持家校互动、携手同行,我们就一定会成为伟大的幸福教育守望者!(给学生榜样和夸赞,给家长信心和方法。)

信发出去后,家长们纷纷点赞、感谢!同时,我在学生群和家长群里适时捕捉点拨的契机,如:"同学们好!感谢班主任拉我进群啊!今天在网课上终于看到了大家的学习情况,虽然没有看到部分同学的'真面目',但仍然感到高兴和亲切。新冠病毒的突袭让我们始料不及,看到一幅幅悲壮的画面,我们常常夜不能寐、泪眼婆娑,相信这段历史和教训将永远让你们铭记在心。这段焦灼的时间,你们一定也克服了很多困难,在同新冠病毒的战斗中听从父母和老师指挥,坚守阵地,表现不凡!期待继《江夏大道58号》之后再次看到你们记录这段难忘战"疫"的新作品!""数学课有两名同学迟到6~7分钟,一名同学刚上线,迟到十多分钟。这是一堂出勤情况最好的数学课,希望克服困难不迟到、不早退,把基础打牢。"

后面一周,孩子们的上课状态果然普遍获得了新的提升,一天好于一天。

实践感悟:线上教学是疫情阶段"停课不停学"的无奈选择。此时的教育者更需要带着理念和技巧走近家长、走近学生。如苏霍姆林斯基所说:"重要的是要用志向鼓舞人:在我们艰难的事业中,一个最棘手、最难以捉摸的工作,就是用志向去鼓舞人。……志向是同一个人对自己的约束,给自己的承诺,与对自己提出的要求相联系。"

案例三:支招、培训

两个托福成绩不高,手里一张 offer 也没有的孩子,每天要么赖床不遵守作息时间、课堂上老师一问三不知,要么迟到早退、网上信马由缰云游四海。那几天我脑子里一直在想这两个孩子怎样才能有书读的问题,我反复回忆半年前和他们相处及约谈家长的片段,向班主任,也是他们的升学指导老师提出建议,希望班主任能深度挖掘学生身上的闪光点,马上给他们两人增补综合素质评价材料。

3月3日,我主动加了两个孩子母亲的微信。

罗家长:您好!刘主任!!!(看起来很激动)您有事吗?我的电话是139×××
×880。

刘老师:××妈妈,您好!家里一切都好吧?我现在在澳洲,不能打电话,可以用微信语音通话。现在班里只有林××和罗××两人的 offer 没到了,要安慰孩子,不要着急和焦虑,offer 肯定会到的,疫情耽误了托福考试,学校录取线肯定会下调的。劝孩子现在上好网课,让老师们把他这段时间的成绩和综合评价写得棒棒的,孩子也会有很好的学校offer。本学期的成绩还是很重要的,网课一定要好好表现,多和老师互动,让老师的评语有的写哈!

罗家长:好的!收到!谢谢各位老师的支持和鼓励!!!

刘老师:不客气的,孩子放假前已经开始努力了。嗨,这场疫情是我们无法想象到的。现在加油哈!

罗家长:收到!已转罗××!!!谢谢老师!!费心了!!!

刘老师:孩子今天下午听课状态大有进步,积极回答问题,给他点赞!

罗家长:明天再接再厉!!!

刘老师:××妈妈好!孩子的offer现在没到,分析其原因就是托福分数较低,个人特长、志愿服务和研究性课题活动方面不足。所以现在还需要努力,一定要上好网课,多参与战"疫"活动,写战"疫"征文、做志愿者和慈善……

罗家长:收到!!!老师!现已安排罗××做社区志愿者(周六周日)!!!我们还需要做哪些???盼您多多指导!!!!!

罗家长:老师,罗××爸爸2月5日捐款2000元在云梦家乡,算不算孩子的?

刘老师:捐款回执上写孩子名字了吗?如果没有写就不算。捐多少钱都行,他还是孩子没挣钱啊,关键是要有爱心,有责任感!

刘老师:孩子爸爸的善举,写材料的时候也可以写进去的,把捐款回执都发给班主任丁老师。

罗家长:收到,谢谢老师!

刘老师:家长好!××做社区志愿者有视频吗?照片也行,发我一下。

刘老师:(收到照片后点评)非常好!感谢!让××自己写一下参加社区志愿者活动的感受,好吗?

罗家长:好的!收到!

刘老师:(收到文章后发信)××的文章写得非常棒!朴实流畅,写出了自己对战胜疫情、保卫武汉和湖北的真实情感!为他点赞!(此文章后被评为国际部征文一等奖。)

几乎同时,我和另一个孩子母亲的交流如下。

刘老师:××妈妈,您好!家里一切都好吧?我现在在澳洲,不能打电话,可以用微信语音通话。现在班里只有林××和罗××两人的offer没到了,要安慰孩子,不要着急和焦虑,offer肯定会到的,疫情耽误了托福考试,学校录取线肯定会下调的。劝××现在上好网课,让老师们把他这段时间的成绩和综合评价写得棒棒的,××也会有很好的学校offer。本学期的成绩还是很重要的,网课一定要好好表现,多和老师互动,让老师的评语有的写哈!(同前。)

林家长:您好,刘主任!一切都好,您还好吧?林××太贪玩了,就像上网课,他要一边开着电脑,还要拿着手机。我抓过几次他把手机缩回去了,肯定在做小动作,叫他不要用两台电子产品,他说老师要查资料,切换时就会退出教室。还是他自律性太差,总是在找理由。

刘老师:他最后的托福考试成绩是多少?

林家长:他1月还考过一次托福,问他说成绩还没有出来,他不说我也就不知道他的成绩。每天网课后问他有没有作业,他都说没有,我让他每天记一个单元单词,在我面前默写。

刘老师:好的,您是一位负责任的好母亲!给您点赞!放假前××已经开始努力了。嗨,这场疫情是我们无法想象到的。现在看紧他,给他鼓劲加油哈!

林家长:是托福成绩录取线会调低吗?他上次只考了44分,这么低的成绩到了大学也听不懂课,也拿不到大学毕业证。他主要还是贪玩,学习态度不好,青春期太叛逆了,我真是为他这么严重的叛逆期感到难过,他小时候特别听话。

刘老师:我再问问他最后的托福成绩哈,因为疫情取消了2—3月的托福考试,有可能会下调录取门槛的。但您说得对,他成绩太低去了是听不明白课的,现在要恶补才对嘛。

林家长:好的,谢谢刘主任!

刘老师:林××的托福成绩是53分,我让丁老师查到的。您放心吧,他可以拿到offer的。现在每天的网课要上好,您多受累哈!

林家长:谢谢刘主任的鼓励!我会督促他的。

分析思考:林××的妈妈不工作,还要照顾一个不满2岁的小弟弟,精力和掌控力是有限的。只有把林××的父亲动员起来,才会增加新的教育合力。

刘老师:林××的父亲要多关心关注对儿子的教育。职场上的任何成功都无法与子女教育的成功相比!让他父亲跟他好好谈谈,让他静下心来,克服浮躁,做好当下。

刘老师:(先发了一张招生官非常看重学生领导力的截图)这是中介公司跟老师们的沟通,可以看出美方学校非常看重学生的综合素养。现在家长要马上行动起来,回忆、挖掘和帮助孩子策划能表现综合素养的实践行动。

刘老师:林××喜欢唱歌,可以联合几位同学,组织一次"我爱我的祖国和家乡"诗歌演唱会嘛!林××有文艺禀赋,会作词作曲,这是一种很强的能力。快点行动起来吧!

用同样的方法,林同学也被激发调动了起来,他也和罗同学一样去武汉即将复工的单位参加了负责消毒的志愿者行动(在父亲的帮助下),还拿出了部分压岁钱,先后两次向"战疫天使守护计划"和"武汉战疫,联合助残"捐款。几天后,我收到了林同学参加志愿者活动后写出的感言:"通过这次志愿者活动,我收获了许多,得到了许多的感悟与感想,志愿者服务工作,贵在'自愿'成为一名志愿者。首先感觉到的是一种荣幸,能为人们服务,是一件非常光荣的事。在疫情越来越严峻的时候,带给我们无限感动的,除了火拼在一线、治病救人的医护工作者外,还有这些默默无闻、尽自己绵薄之力参与疫情防控的普通人。"此外,我还收到了他自己谱曲作词的"战疫"歌曲(草稿)。

3月18日,两个孩子同一天收到了加拿大西蒙菲莎大学商学院的offer。

据班主任所说,林××被录取应该和补交Duolingo成绩,补交他和姚××的歌曲创作素材以及这次疫情期间他做的志愿者活动有关。

实践感悟

苏联著名教育家苏霍姆林斯基把自己毕生的精力都献给了他的学生,献给了他对教育真谛的孜孜以求和不懈探索。他用自己的实践经验提醒和告诫我们无数的教育后来者:"如果不去加强并发展儿童的个人自尊感,就不能形成他的道德面貌。……教育技巧的全部诀窍就在于抓住儿童的这种上进心,这种道德上的自勉。"

科技一直在敲门,老师要不断提升

武汉海淀外国语实验学校　　聂　君

正如钱志龙博士所说:"科技一直在敲门,有人还在装睡。"在突发疫情之下迫不得已开展线上教学之前,我一直是非常抵触线上教学的,因为我固执地认为线上教学应该是培训机构的老师的工作,每天对着屏幕答疑,除了教授冷冰冰的知识还能教学生什么?单从学校的培养目标来看,情感、态度与价值观这一目标是很难通过线上教学实现的,况且孩子手里有了计算机和手机,他们的课堂效率如何把握?作业怎么保证质量?然而,通过三个月的线上教学摸索,我越来越觉得线上教学的优势还是非常明显的。下面我从班级管理和教学两方面进行分析。

班级管理篇

案例1——以平等、尊重的眼光看待学生

A同学是积极活泼,成绩中等,自律性不太强的孩子。在网课的前一段时间,他一直比较积极,作业也做得很不错,所以在网课开始的前几周,A同学每周都得到老师们的表扬。但是月考后,一个周五的晚上,我在班级群和家长群里发完周总结后,这个孩子突然莫名其妙地以质问的语气反问我:"你们是不是会发哪些学生深夜问老师问题,就让我们同学之间形成对比,然后让我们家长羡慕称赞别人家的孩子?"我赶紧一个电话打过去,A同学没有接我电话,但发了一个视频给我。原来是孩子家长看到班主任在群里发了一周的学习表现,受表扬的孩子里面没有他,他妈妈大骂了他一场。这可急坏了他,所以一跟我发信息就没头没尾地把我"批评"了一通。我弄清了原因后先跟他道歉,因为他说的确实是事实,后面我又向他解释了一下,还以自己的经历跟他交流经验,他终于认识到自己说话太冲动,也给我道了歉,并且从那之后更加注重自己的课堂表现。

案例分析

A同学虽然有时候小孩子脾气,说话不顾及任何后果,但是他是一个思想非常单纯的孩子。如果我们能像对待小孩子一样俯下身来聆听他们内心的想法，他们便会像小孩子一样听你分析，慢慢理解老师的用意。平等与尊重是教育最大的底色。只有师生间流淌着脉脉的温情，才能最大限度地激发学生的学习动力。

案例2——多分享，多沟通，多快乐

一个班级除了需要良好的学习氛围外，还需要和谐的氛围。网络教学的前几周，我除了上课时和我们班部分有化学课的学生有互动外，其他时间都见不到学生的面，每周一次的班会也不能及时精准地了解学生们的动态。自从学校统一开始晚自习总结后，我会精心准备每个晚自习和大家分享与沟通的内容。晚自习总结我一般分为班级事务、同学分享、小故事分享、英语视频分享、励志英文句子分享、长难句分析等。

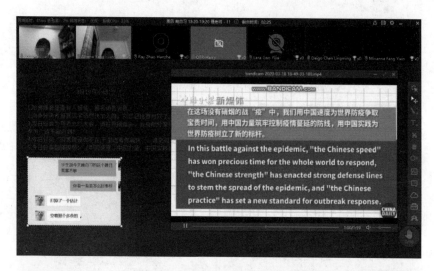

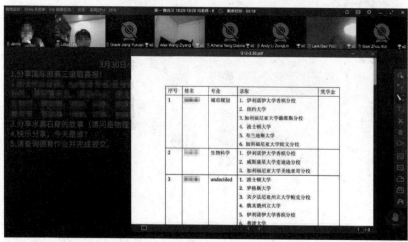

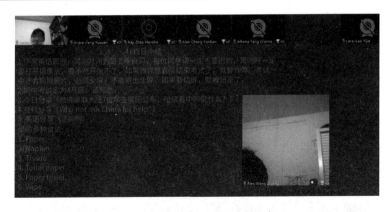

案例分析

通过晚自习的总结、赏识、激励、分享,学生整体状态在向好的方面发展。学生们在晚自习上能把自己的快乐带给别人,能学习英语趣闻和表达。此外,励志英语能勉励孩子们前行,孩子们在英语长难句分析中学会分析托福句子结构。学生们收获多多,而我也能借此机会跟学生们一起讨论、分享学习、生活,师生共同享受着线上学习的乐趣!

案例3——榜样的力量是无穷的

上过一段时间网课后,我发现老师们在学生群里催作业越来越频繁,不是英语老师在提醒学生们交作业,就是数学老师在跟我抱怨没有几个上交作业的。我开始也不了解情况,只能一个一个地催促他们,效果也不太明显。让家长帮忙督促作业,却加剧亲子矛盾,家长也束手无策。于是,一天晚自习总结过后,我让班委成员留下来,一起商讨如何帮助班上的学困生。我提出了一帮一的对策,让GPA在3.7以上的学生帮助GPA在3.0以下的学生,并定期让小组组长反馈帮扶学生的作业情况,那一周,所有老师都反馈作业问题得到了极大的改善,所有学生都补交了作业。

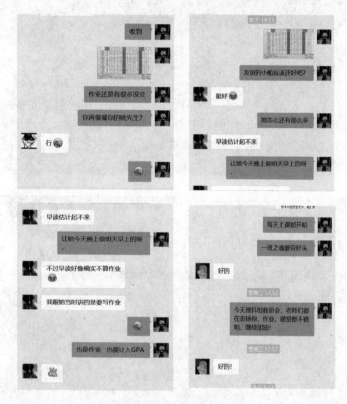

案例分析

通过跟班委协商,我们所有的班委成员都愿意帮助自制力暂时较差的同学,督促他们完成作业,平时给他们树立榜样,向他们传递正能量!激发榜样的力量,唤醒学生的内在潜能,我们就会发觉:榜样的力量是无穷的!

案例 4——多主题班会聚人心,德育教育不缺席

疫情无情,教育有爱。灾难是最深刻的课堂,自开展网络教学以来,我精心准备设计每一堂主题班会课,让德育教育不缺席。

ClassIn 调试班会:Be Ready For School——云端调试班会(20200206)。

第一次主题班会:"若有战,召必回"——线上班委选举(20200209)。

第二次主题班会:疫情下的机遇与挑战——浅谈我们肩上的责任(20200216)。

第三次主题班会:无惧"双重标准",只需强大自己(20200223)。

第四次主题班会:始于尊重,终于和谐——生命教育,共筑爱与责任的中国力量(20200301)。

第五次主题班会:守望相助,共克时艰——10 年级线上家长会(20200308)。

第六次主题班会:心以信诚,行以践诚——无形的力量,无形的财富(20200315)。

第七次主题班会:无奋斗,不青春——月考总结大会(20200322)。

第八次主题班会:调整心态,快乐学习——做自己情绪的主人(20200329)。

第九次主题班会:出国留学面面观——你不知道的留学资讯(20200406)。

第十次主题班会:复学,你准备好了吗?——学校复学防控指导手册(20200412)。

第十一次主题班会:疫情下数据的思考——期中考试动员大会(20200419)。

第十二次主题班会:让阅读在云端绽放——读书分享班会(20200423)。

第十三次主题班会:妈妈的爱,一生相伴——感恩母亲节主题班会(20200508)。

第十四次主题班会:思考为轴,用心行走——期中总结大会(20200510)。

第十五次主题班会:不做网课学困生——如何提高专注力(20200517)。

第十六次主题班会:使命在肩,奋斗有我——坚定文化自信,实现民族复兴(20200524)。

第十七次主题班会:食品安全主题班会(20200530)。

"守望相助,共克时艰"主题班会

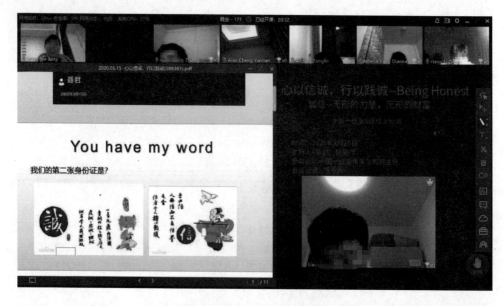

"心以信诚,行以践诚"主题班会

"调整心态,快乐学习"主题班会

"复学,你准备好了吗?"主题班会

"疫情下数据的思考"主题班会

"妈妈的爱,一生相伴"主题班会

"思考为轴,用心行走"主题班会

案例分析

疫情期间的主题班会,既联系实际给学生开展生命安全教育,又结合时代人物给学生树立榜样,同时结合学生们实时的学习状态及有意义的节日开展相关的交流班会,让学生树立正确的价值观,激发学生对线上学习的兴趣,增强班级凝聚力,对老师的管理也起到一定的促进作用。

教学篇

案例1——开展项目制学习,激发学生的探究精神

化学是一门以实验为基础的学科,要学好化学,毫无疑问首先要注意实验和生活中的化学。书本上的东西永远是书本上的,不经过实践永远学不到真正的化学。本学期我负责三个不同层次的化学教学。除一个年级有AP化学备考任务外,其他年级都开展了网课期间的研究实践学习。

9年级学的是IGCSE化学知识点,这些知识都是化学基础知识,但是一些理论性强的知识点(如化学键)仅靠老师在课堂上讲解是非常抽象的。课上我用家里的面粉做离子键模型,用家里的水果做酸碱指示剂,课后我让学生自己在家里找材料来建模,自己研究怎么变废为宝。学生自己动手不仅理解起来非常容易,更增加了对化学知识的应用,提高了学习兴趣。以下是学生的作品。

就地取材做分子模型

变废为宝小尝试

10年级本学期讲授的知识点有一些是偏应用的,如金属的提取,于是我让学生建组讨论假如自己是老板,会选择生产哪种金属(what),在哪里建厂(where),什么时候开始生产(when),用哪一种方法提取、怎么把自己的产品销售出去(how)。学生们自已化身为老板后就会详细地考虑上述问题,做出来的 product design(产品设计)也超赞! 在讲到熵时,通过给学生讲述熵的概念,引发学生对世界万物的思考:小至病毒的繁衍,大至宇宙的发展,都遵循熵增的规律。利用几个课时和同学们一起进行项目制学习,各小组纷纷应用熵的原理,从病毒、个人、公司、社会、宇宙的发展几个方面探索了熵增的规律以及怎么最大限度地减小一个体系的熵增从而延长这个体系的生命。以下为部分学生的作品。

Company By Sylvia.mov　Company By Eden & Stephan .mov　Universe By Athena Alan Fred.jpeg　company Sissi 1.jpg　Company Sissi2.jpg　Virus By Hathaway and Rebecca.mp4　Society By Krinstine.jpg　universe By Lara.jpg

案例分析

学生在老师的指导下,分工协作,在做中学,同时能够锻炼小组合作和交流的能力,还培养了在生活中善思致用的好习惯和科学的探究精神,是培养化学核心素养的一个好方法!

案例2——巧用语言的魅力让学生主动提前进教室

对于线上课堂,学生一般没有很强的时间观念,迟到时有发生,如果直接在微信群里呼唤学生,学生不仅会很反感,也不能起到很好的调动作用,于是课前我会利用富有哲理和启发的语句温馨提示学生,迟到现象改善了很多。

案例分析

苏霍姆林斯基曾经说过:"教师的语言修养,在很大程度上决定着学生在课堂上的脑力劳动的效率。"因此,提升教师语言的魅力,可以营造良好的学习氛围,从而调动学生的积极性,打动学生的心灵,开启学生的智慧。在提升语言修养方面,我也在不断探索着……

最后,我想引用湛庐文化联合创始人、高级副总裁张晓卿的一句话:"这么多年以来,所有的事情都在发生改变,而教育却一成不变,尤其是看到 AI 技术的发展,人工智能已经慢慢地在替代许多职业,AI 已经发展到如此地步,而我们的孩子却还在接受一百年前的教育。"的确,相比于 AI 技术,教育还需要更多更快的变革,这次疫情之下的网课让我和其他老师们在不断地挑战、改变、提升自己的教育理念和方法。科技一直在敲门,老师也要不断提升自己!

线上教学案例分析与感悟

武汉海淀外国语实验学校　　徐　曾

一场突如其来的疫情给整个社会带来了前所未有的变革,将我们原本在社会中的角色进行了一次大调整,有网友笑说:"一场疫情让全民成了厨子,医护人员成了战士,老师成了主播,机关干部成了门卫,家长成了私教,时代想改变谁,都不带商量的。"是的,老师成了主播。我们于2月初接到通知要进行网上教学,学校信息中心积极联系平台并测试,最终选定ClassIn平台。正式开课前,老师们自主学习操作指南,相互练习操作,在忐忑中,直播授课开始了。

网络课堂与平时课堂的一个明显区别就是能突破时空的限制,能够使教学双方通过网络相互学习,完成教学的目标任务,但正是因为不在同一个空间维度,教师无法真正了解学生情况,课堂的实效性就会大打折扣。一节网课40分钟,有些学生迟迟不进教室,有些学生在上课时利用手机或计算机借上课之名玩游戏、网聊、睡觉,老师无法判断。网课很容易成为老师的"独角戏",师生互动很难、很少,无法进行顺畅的师生问答,甚至需要花很多时间确认学生是否听懂、理解,等等。总之,网课的实效性堪忧。经过一个多月的网课实践,对于学生出勤、课堂互动、作业完成,我有以下感悟和心得。

① 要做到课堂时间的有效性。提前5~10分钟候课,把学生都请进课堂,我们都有自己的班级群,在班级群里公布并点赞提前进教室的学生,树立榜样,以此带动其他学生。

② 要做到课堂互动的有效性。网课很容易进行,却不好把控,无法通过正常的方式观察学生的课堂学习行为,也不太方便进行互动,耗时费力,但不等于不能进行互动,而且很有必要进行互动,关键要合理,一是内容,二是手段。语法课相对于其他课程理论性更强,如何使课堂丰富多元化,使更多学生参与课堂是我一直在思考的问题。

案例一:对重要章节,如定语从句、名词性从句章节,通过使用歌曲引入,吸引学生的注意力,并用含定语从句和名词性从句的谚语作例句进行讲解,并设置抢答环节,让学生猜测谚语意思,这样一来,学生既理解了从句,又积累了谚语,最后再以歌词作为练习。

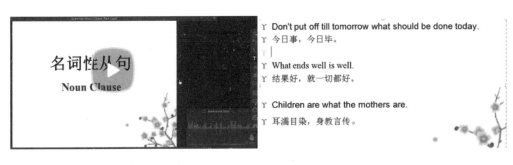

案例二:习题讲解是教学中很重要的一部分。如何避免教师唱"独角戏",提高学生的参与度和主动性?教师可以根据内容难易决定是否要将主动权交给学生,师生角色互换,由学生进行习题讲解,可进行分组合作,并形成奖励机制。在名词性从句的习题讲解中,教师先给出解题思路,并讲解一题作为例子,接下来由学生分组合作,抢答讲解。在奖励机制的作用下,学生的积极性被充分调动,课堂氛围活跃(奖励机制的设置可以更加广泛,使大部分学生都有机会,这样更容易调动学生的积极性,本次习题讲解奖励机制为得分前三组的学生可获得当日作业免做权)。

③ 提高作业的有效性。及时批改作业,仔细批注,并通过作业批注加强与学生的情感沟通。认真批阅每一位学生的作业,并做好批注,一方面可用于学生自我修正,另一方面可方便学生日后复习。发现作业亮点,关注弱点,仔细对待评语,评语不仅是对学生作业情况的总体评价,也是与学生沟通的情感桥梁,在评语中要充分肯定亮点,指出不足。

针对作业态度有问题或者多次不交作业的情况,教师可课后和学生简单沟通,询问是否有困难,注意与学生的情感沟通。经过两次沟通,本班裴同学的作业情况有了很大的改善,近期几乎每天都按时提交作业,即使没有按时提交,也会主动联系补交作业。

疫情虽然可怕,但我们在党和国家的领导下,正在逐步取得抗疫的胜利,而我们的教学也在一步一个脚印地取得收获,相信只要我们踏踏实实地向前走,就一定会取得成功!

未事先卜，防患未然
——将德育深入人心

武汉海淀外国语实验学校 刘 帆

一、案例背景

体育作为一门以身体动作为艺术的学科，任何动作都要身体力行，而不是用语言去阐述。面对线上教学，体育课程的教学更是面临着极大的挑战。其中，课程的娱乐性、科学性及实战性是重中之重，尤其是对于自觉性较差的学生，必须采用德育教育的手段去引导其积极主动地锻炼。

二、教学过程

（一）心如明镜

作为一名体育教师，无论是线上还是线下体育课程，最主要的目的就是锻炼学生的体魄，磨炼学生的意志。从准备部分的有氧运动、基本部分的体能练习到结束部分的拉伸放松，要求循序渐进，不能一蹴而就。

体育是一门特殊的学科，具有明确性强的特点，身体能够表现一种很明确的收益过程。

① 一堂课从名字开始就得抓住学生的眼球，满足学生的好奇心。"无论任何事情，好奇心都是原动力。"

② 确定本节课应该上什么，例如，本节课上核心力量，那么整堂课都要为基本部分核心力量练习做好铺垫。

③ 在明确以上两个事项后，才能开始备课。在备课过程中，要考虑季节性和事实性，体育教师需要以身作则，提前完成动作、录制视频、准备好课件，并测试心率，这样才能保证学生的锻炼强度和效率。课堂上总会出现各种各样的情况，幽默的语言、活跃的气氛、激励的话语都是必不可少的。

初三体育课1——中考篇.pptx	2020/3/10 18:08	Microsoft PowerPoi...	577 KB
初三体育课2——中考篇2.pptx	2020/3/18 16:58	Microsoft PowerPoi...	610 KB
初三体育课3——体能强化篇.pptx	2020/3/23 18:17	Microsoft PowerPoi...	425 KB
初三体育课4——体能强化篇2.pptx	2020/3/29 14:02	Microsoft PowerPoi...	821 KB
初三体育课5——中考冲刺篇.pptx	2020/4/7 18:24	Microsoft PowerPoi...	325 KB
初三体育课6——补给加油站.pptx	2020/4/13 13:53	Microsoft PowerPoi...	599 KB
初三体育课7——加油补给站2.pptx	2020/4/20 13:36	Microsoft PowerPoi...	547 KB
初三体育课8——我们都是梦想家.pptx	2020/5/3 15:55	Microsoft PowerPoi...	463 KB

（二）未事先卜

线上不同于线下，无法灵活地掌控课堂是线上课堂的最难之处，所以教师应该充分考虑各种可能发生的情况，如学生在群里聊天、送礼，不能跟随教师思路一起学习等。

① 未来之事：清楚自己在什么时段上课，学生后面有没有其他事情，做好教学准备，展示教师个性，突出学生个性。

② 预测占卜：预测可能会发生的一些教学突发事件，要先给自己上课，所有的运动我会自己先做一遍，这样学生的心率就在我的掌控范围内。

③ 防患未然：既然想到了并且预测到了，那么安全就是第一准则！只有在安全的前提下才能正常进行教学，同时应对各种突发事件！

（三）万事俱备

准备好教学材料是一名教师应该做好的本职工作，可是线上如何进行教学示范？

① 逻辑为王：教案是教学的灵魂，教师所有的思路都在教案上表现得清清楚楚。注意前后文的衔接，注意每一部分与本节课重点的联系，注意主题要能够穿针引线。

② 演练熟练：熟悉所使用的平台，熟悉课件，熟悉计算机的使用，等等，这样才能流畅地展示所要表达的内容。

③ 传达感情：教师作为表达者，语言要充满情感，合理运用语言有效地激发学生的动力。学生作为倾听者，线上课程没有其他因素干扰，他们的注意力都在眼睛和耳朵上，此时的德育教育会更加深入人心！

④ 个性表达：每个学生都有自己的个性，同样地，老师也有自己的个性，线上课程可适当表现老师的个性，让距离不再成为距离。同样要展示学生的个性，表扬学生。

⑤ 美观清晰：PPT要美观清晰，每个章节的主题、内容都要明确，教师要说的部分话语同样要展示出来。

（四）实战演练

线上课程要想顺利地进行下去，首先要很清楚课程的流程，熟悉课程的内容，然后在脑海中或者独自一人进行演练，这样在实战中才能分得清轻重缓急。

① 想象：第一想：学生在你眼前。第二想：学生的表情神态。第三想：学生上课的效率。第四想：如何上课。

② 模拟：模拟线上教学，熟悉流程，熟悉软件，熟悉教案，熟悉材料。

③ 实战：实战中会出现各种各样的情况，随机应变方可成功。

三、教学案例

在第一次上体育课时，很多学生没有过来上课，我意识到体育不仅仅是锻炼学生的身体，更应该是在学习之余放松学生的身体，让运动、体育不再成为负担，而成为他们生活的一部分。所以在每一节课、每一个章节中我都会加入引导语句，同时在上课之前放音乐，让学生以更加轻松的方式进入锻炼状态。在课堂上，我会融入物理、数学、生物等学科的一些专有名词来解释为什么是这种姿势，锻炼到了哪些肌肉，不仅教会学生如何锻炼，还教会学生如何成为一名"文化体育人"。

××同学在学校是出了名的做事情不上心，课上经常会说出一些"金句"，导致其他同学也跟着在聊天群里进行回复。本着作为一名"十八线主播"的觉悟，想着学生就是"衣食父母"，我不再生气，而采用更加灵活的方法化解课堂上的尴尬。例如：

××：老师，为什么运动后我摸不到自己的心跳啊，我是不是太胖了啊？

我：你可能天赋异禀，天生是锻炼的料子，心跳比较慢，闭着眼尝试去"聆听"自己的心跳。

从那以后，无论是周一的课程还是周二本该上的课程，××同学都会坚持上课，不掉一节课，在课堂上以相互交流为乐趣，从而激发他更加积极主动地锻炼。学生的个性是可塑的，老师的个性是可变的，不过分打压学生的个性，让学生积极主动地靠近老师、了解老师才是最重要的。

5月4日，我给学生上了一堂名为"我们都是梦想家"的体育课，通过名称和铺垫让学生化被动为主动地想出自己实现梦想的步骤，在每一个步骤里穿插德育教育，特别是在结束部分，用正确的三观去影响学生的想法。课后，我主动询问学生是否有收获，很多学生回复了两个字：感动。

通过这次课，我更加清楚地明白了课堂不仅需要传授知识，当你静下心来向学生传递自己的感悟时，学生会用心聆听你内心的想法。互帮互助无非如此！

四、教学总结

真正的体育精神是通过运动加深对生活的理解和热爱！体育课不仅仅是作为一门身体力行的学科，更多的是在运动中融入德育教育，让学生主动理解一些人或者事。教育从不是为了教学而教，教育应该是为了育人而育，把握课堂中的小事情，让学生在锻炼中用心聆听生活中的乐趣。经过运动洗礼的人，更能重拾对生活的信念，更有可能三观正当，心理健全。

防疫、德育两不误，"海外"线上好声音

武汉海淀外国语实验学校　　罗屏志

一、案例背景

受疫情影响，武汉封城，同学们长时间憋在家里出不了门，这段时间对于正值青春期好动的孩子们来说既难忘又难熬。在这样的情况下，我们希望能够让孩子们的歌声为每一个家庭带来欢笑，让歌声使我们每个人都暂且忘掉对疫情的不安与恐惧。我相信在党和政府的领导下，我们终将战胜疫情，武汉的"春天"即将到来。

二、案例描述

（一）设计意图

习近平总书记3月10日在武汉考察工作时指出，正是有了武汉人民的牺牲和奉献，有了武汉人民的坚持和努力，才有了今天疫情防控的积极向好态势，党和人民感谢武汉人民。生活在武汉的同学们是最可爱的人！希望用我们的歌声为武汉加油！为中国加油！为最后的胜利加油！

（二）活动流程

- 3月6日前完成歌曲问卷调查。
- 3月11日以美篇的形式发出线上好声音第一阶段的通知。
- 3月14日下午2点各班自行组织完成第一轮比赛，每人一首歌，选出参赛人员（各班自行评选）。
- 3月14日晚上以美篇的形式发出第二阶段的比赛通知及相关规则。
- 3月15日下午2点进行第二轮线上PK（艺体老师做裁判，赛后汇总成绩）。
- 3月15日晚上以美篇的形式汇报比赛情况及公布下一轮晋级名单和相关规则。

武汉海淀外国语实验学校"学艺抗疫"第四期
——"防控疫情 助力武汉 全民K歌"

眼下正处于疫情防控的关键期,响应国家号召,我们自我隔离,为疫情的防控起到了重要作用。但是浪漫的武汉人,就是那么闲不住,让我们用我们的歌声为武汉加油!为中国加油!

设计意图

• 3月21日下午2点进行第三轮线上PK。
• 3月22日下午2点前完成决赛曲目上传,当天晚自习下课之后发布投票推送,大家共同投票选出心中的好声音。

参与人员:七年级、八年级、九年级、全体普高及国际高中师生,全体家长。

1. **活动第一阶段:班级海选**

每位同学利用课余时间在"全民K歌"上完成一首歌曲,并在3月14日下午2点统一分享到班级微信群,各班同学互为裁判,投票选出大家最喜欢的3位学生的作品和2位家长的作品。

注意:①可以和家庭成员合作完成。②请同学们积极鼓励家长参与。

2. **活动第二阶段:团队大乱斗**

3月15日下午2点,各班投票选出的5位参赛选手代表本班进行班级之间的PK。

比赛规则:

① 每组裁判提前准备5首歌曲,各班代表有15分钟的准备时间,10分钟的演唱时间。

② 选手自由选择规定曲目,在规定时间内将演唱完成的歌曲分享至活动群。歌曲得分高的一方胜,胜方得1分,团队积分满分为5分。团队积分优胜集体进入下一轮。

比赛海报

班级海选活动截图

③ 每位选手只能选择一首歌曲,5个人不可重复,必须保证歌单中的曲目全部有人演唱,重复演唱无效。

④ 本轮设置一次场外求助机会,在拿到歌单后,如果参赛选手觉得歌单中的曲目

有难度,可以寻求场外同学、家长、老师的帮助。场外求助人员要在正式比赛开始前向裁判报备。

⑤ 合作晋级曲目,以合唱形式演唱一首作品,不得换人〔裁判按分组班级分别建群,两个班构成一个比赛群。参赛选手进群后把群名称统一改成"班级+名称"形式,如七年级(1)班×××〕。PK 班级:七年级(1)班——七年级(3)班,七年级(2)班——七年级(4)班,八年级(1)班——八年级(3)班,八年级(2)班——八年级(4)班,九年级(1)班——九年级(3)班,九年级(2)班——九年级(4)班,普高(1)班——国际(1)班,普高(2)班——国际(2)班,国际高三——国际初三。

班级 PK 活动截图

3. 活动第三阶段:全民混战,爱唱红歌

比赛规则:

① 本轮比赛所有参赛选手每人演唱 2 首歌曲,1 首自选歌曲(可提前录制),1 首歌单规定的红歌曲目(本轮歌单中共有 5 首歌曲)。

② 比赛开始后有 15 分钟的准备时间,可挑选自己擅长的曲目。15 分钟后统一开始录制,录制时间为 10 分钟。

③ 比赛最终上传两首歌曲,超时或未按规定上传作品视为放弃本轮比赛。

晋级规则:

① 本轮比赛由学校艺术老师组成评审团,每位评委对参赛选手的两首作品进行综合投票,每人一票,得票过半选手晋级。

② 晋级后以线上投票的形式决出最终歌王人选,线上投票以娱乐为主,禁止恶意刷票,一经发现取消比赛成绩。

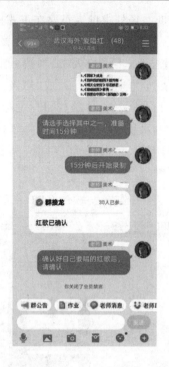

全民混战,爱唱红歌活动截图

4. 活动第四阶段:线上投票,师生齐唱,为武汉加油

前 10 名选手获"全民 K 歌"一个月会员的奖励。我们将最终进入决赛的 10 位选手的歌曲制作成投票推送,进行全体投票,得到最终排名(每人可投 3 票)。并组织师生共同创作、录制抗疫歌曲,为武汉加油。

进入决赛的学生创作的原创歌曲《解封》

疫情期间学生隔离在家,我们在做好线上授课的同时也不能丢了艺术活动与德育教育的引导。本次活动是我们组织线上活动的一次尝试,希望借助于音乐、比赛、红歌等形式,既能使同学们玩好,又能让同学们的心灵受到一次爱国教育的洗礼,在疫情的关键时期,保持健康心态,积极响应国家号召,相信明天会更好。